GÜTERSLOHER
VERLAGSHAUS

Rita Kusch

Neue Schatztruhe
für die Seniorenarbeit

Impulse, Materialien und Gesprächsanstöße

Gütersloher Verlagshaus

Bibliografische Information der Deutschen Nationalbibliothek
Die Deutsche Nationalbibliothek verzeichnet diese Publikation in der Deutschen Nationalbibliografie; detaillierte bibliografische Daten sind im Internet über https://portal.dnb.de abrufbar.

FSC
www.fsc.org
MIX
Papier aus verantwortungsvollen Quellen
FSC® C083411

Verlagsgruppe Random House FSC® N001967

1. Auflage

Druck und Bindung: CPI books GmbH, Leck
Printed in Germany
ISBN 978-3-579-06207-5

www.gtvh.de

Inhalt

Einleitung

Mit diesem Buch lade ich Sie dazu ein, mit mir und Ihrem Seniorenkreis oder Ihrer Beschäftigungsrunde einmal durch das Jahr zu gehen. Jedem Monat habe ich ein Thema zugeordnet, das mir für diesen Monat eingefallen ist. Manche Themen passen nur in diesen Monat, manche können Sie gut auch zu anderen Zeiten anbieten. Darüber hinaus präsentiere ich Ihnen fünf weitere Themen, die keinem Monat speziell zuzuordnen sind.
Es sind jeweils viel mehr Methoden und Vorgehensweisen für eine Einheit vorgeschlagen, als Sie für eine Zusammenkunft brauchen. Wählen Sie aus, was Ihnen und Ihren Teilnehmenden gefallen könnte, fügen Sie eigene Ideen hinzu und lassen Sie weg, was Ihnen nicht gefällt. Einige Methoden können Sie gut auch in anderen thematischen Zusammenhängen nutzen.
So, wie Sie in einer Schatzkiste manches interessant finden und genauer betrachten und anderes schnell wieder weglegen, so sollten Sie auch mit den Ideen in diesem Buch umgehen. Sie wissen selber am besten, was Ihnen und Ihrer Gruppe liegt und Freude bereitet oder zum Erzählen und zum Austausch anregt.

INTENTION DES BUCHES

Mit den vielen Erzählspielen in diesem Buch möchte ich dazu beitragen, dass die älteren Menschen miteinander ins Gespräch kommen, aus Ihrem Leben erzählen und sich dessen

vergewissern, was sie alles erlebt und erfahren haben. Damit möchte ich weg vom eher unterhaltenden Stil in der Seniorenarbeit hin zu mehr Beteiligung und Mitwirkung. Schließlich haben wir es mit einer Generation zu tun, die viel erlebt und durchlebt hat, das es zu heben und zu teilen gilt. Natürlich ist das Erzählen immer freiwillig und kann und darf nicht erzwungen werden. Manche Erinnerung möchte man vielleicht auch nicht teilen. Das gilt es selbstverständlich zu respektieren. Wenn Sie erst damit beginnen, die älteren Menschen zum Erzählen anzuregen, müssen Sie damit rechnen, dass es dagegen zunächst Widerstand gibt. Erst allmählich werden die Teilnehmenden Mut finden, von sich zu erzählen und dabei spüren, dass es gut tut, sich der eigenen Lebensleistung bewusst zu werden und eigene Erfahrungen mit anderen zu teilen. Hier gilt es für Sie, einen langen Atem zu haben.
Mit Gedächtnisspielen und Denksportaufgaben soll neben dem Gewinn an Spaß und Freude auch das Gehirn angeregt werden. Die kleinen Geschichten, die Sie in dem jeweiligen thematischen Zusammenhang vorlesen können, regen Sie sicherlich dazu an, von eigenen ähnlichen Erlebnissen zu erzählen. Lassen Sie der Gruppe immer viel Zeit zum Austausch und zum Gespräch. Wenn Sie dann eigene Vorbereitungen nicht mehr nutzen können, kommen diese sicherlich zu einem anderen Zeitpunkt zum Zuge.

ZUM AUFBAU DES BUCHES

Jedes Kapitel beginnt mit einer kurzen Beschreibung des Themas, um das es darin geht. Dann lade ich Sie zu einer eigenen Annäherung an das Thema ein. Das ist mir wichtig, damit Sie herausfinden können, ob dieses Thema etwas für Sie und für Ihre Gruppe ist. Solch eine Schatztruhe für die Seniorenarbeit kann ja kein Rezeptbuch sein, aus dem man sich einen schönen Nachmittag kocht. Damit Sie es gut präsentieren können, muss es zu Ihrem Thema werden. Am Ende jeder Anregung habe ich Ihnen aufgeschrieben, welche Materialien Sie dazu benötigen und wie lange Sie dazu in etwa brauchen werden. Wo das möglich war, dort habe ich Ihnen zusätzliche Quellen, beispielsweise im Internet, aufgeschrieben, auf denen Sie weitere Informationen finden können.

ATMOSPHÄRE

Bedenken Sie, dass viele Ihrer Gäste alleine leben und deshalb die Gemeinschaft, Kaffee und Kuchen oder das gemeinsame Frühstück, besonders genießen werden. Hübsch gedeckte Tische und passende Servietten signalisieren, dass Sie sich auf das Zusammensein gut vorbereitet und gefreut haben. Oft lässt sich auch ein Kuchen finden, der schon auf das Thema hinweist. Dann beginnt die inhaltliche Arbeit schon beim Essen, denn der Austausch wird angeregt werden.
Begrüßen Sie die Hereinkommenden mit Handschlag und sprechen Sie möglichst alle mit dem Namen an. Das vermittelt eine schöne Willkommenskultur und wird zu einem harmonischen Miteinander in der Gruppe beitragen.
Führen Sie die Gruppe mit einigen Sätzen in das Thema ein, damit alle mitgenommen werden können in das, was bei diesem Treffen auf sie zukommen wird.

PROGRAMM UND WERBUNG

Ich halte viel davon, das Programm des Seniorenkreises oder der Beschäftigungsrunde bereits im Vorfeld bekannt zu geben. In Halbjahres- oder Jahresprogrammen kann gut darauf hingewiesen werden. Das ermöglicht den Teilnehmenden, sich zu überlegen, ob sie dieses Thema interessiert. Außerdem könnten so die älteren Menschen zu einem Thema selber etwas mitbringen oder beitragen. Das unterstützt den Ansatz der Aktivierung und Beteiligung der älteren Menschen.

Vielleicht schreibt Ihre Kirchengemeinde den Jubilaren zum Geburtstag oder macht Besuche. Dann bitten Sie doch darum, man möge das Programm des Seniorenkreises mit in die Post legen oder beim Besuch mitzugeben. Auch das Auslegen der Programme in Arztpraxen, Apotheken oder an anderen Orten, die Senioren häufig frequentieren, lohnt sich. Da viele der älteren Menschen auch das Internet nutzen, können Sie das Programm, die Zeiten und den Treffpunkt auch dort veröffentlichen.

Zu denken, Seniorenarbeit sei ein Selbstläufer und bedürfe keiner Werbung, ist ein Irrglaube. Interessante Themen oder Referenten locken gewiss auch solche Menschen in den Kreis, die bisher noch nicht gekommen sind.

GENERATIONEN

Wo immer mir das sinnvoll erschien, habe ich die Anregung gegeben, zu einem Thema jüngere Menschen einzuladen, damit die Generationen miteinander ins Gespräch kommen. Die Familien wohnen oft weit auseinander oder der Kontakt ist problematisch. Wer aber nur in seiner eigenen Altersgruppe lebt, verliert den Blick auf die Gesamtgesellschaft. Außerdem ist es oft leichter möglich, mit fremden Menschen über die eigenen Erinnerungen zu sprechen, als mit den eigenen Angehörigen. Da hören die älteren Menschen oft den Satz: »Ach, Mutti, das hast du schon so oft erzählt!« Das ermutigt nicht gerade dazu, vom eigenen Erleben zu sprechen. Vielleicht bietet sich die Konfirmandengruppe oder ein Kreis junger Erwachsener an, mit den älteren Menschen ins Gespräch zu kommen. Dabei können beide Seiten voneinander profitieren. Manchmal reicht es auch, das Ergebnis eines Themas an gut sichtbarer Stelle im Haus zu präsentieren, um auf die Arbeit im Seniorenkreis aufmerksam zu machen.

GÄSTE

Zu vielen Themen kann man gut Gäste einladen, die auf ihrem Gebiet erfahren sind und Wissen weitergeben können. Ein Referent in der Gruppe ist in der Regel belebend und interessant. Überlassen Sie aber dem Referenten besser nicht die ganze Stunde, weil das oft zulasten der Gemeinschaft geht, denn dann schaut man nur gemeinsam auf diesen Fachmann, kommt aber nicht mehr so gut miteinander ins Gespräch. Bedenken Sie auch, dass Gäste Multiplikatoren sind, die in ihren Zusammenhängen von der Seniorenarbeit erzählen und so bekannter machen, dass dort interessante Themen besprochen werden und interessante Menschen aus ihrem Leben erzählen.

MÄNNER UND FRAUEN

Sicherlich ist es richtig, dass es in der Generation der älteren Menschen mehr Frauen als Männer gibt. Aber dass oft so wenige Männer sich von unseren Angeboten angesprochen fühlen, liegt oft an unserer Themenwahl. Viele Themen, die traditionell in unseren Angeboten auf der Tagesordnung stehen, sind weiblich orientiert. Auch der Nachmittag als Veranstaltungszeitpunkt und das Angebot von Kaffee und Kuchen erinnert an den Kaffeeklatsch von Frauen und ist daher für Männer nicht so attraktiv. Ich mache die Beobachtung, dass Angebote am Vormittag, die mit einem zweiten Frühstück verbunden sind, prozentual mehr Männer als Gäste vorweisen können.

ZU DEN ZEITANGABEN

Am Ende jeder Methode und jedes Vorschlags habe ich Ihnen aufgeschrieben, wie viel Zeit Sie dafür jeweils einplanen sollten. Diese Angaben sind aber nur vage, denn es ist ja davon abhängig, wie erzählfreudig Ihre Gruppe ist, wie groß sie ist und wie die Teilnehmenden auf die Fragen reagieren. Da werden Sie schnell Ihre eigenen Erfahrungen machen und die Zeit selbst viel besser einschätzen können.

GRUPPENLEITUNG UND TEAM

Wenn Sie die Gruppe in einem Team leiten, verteilen Sie die Aufgaben während der Zusammenkunft so, wie es den einzelnen Begabungen und Vorlieben entspricht. Nehmen Sie sich vorher und nachher Zeit für die Vorbereitung bzw. den Rückblick, damit die jeweiligen Beobachtungen zusammengetragen werden können. Aus diesen lassen sich Rückschlüsse auf mögliche nächste Themen und Methoden ziehen. Binden Sie auch die Menschen in die Gruppenarbeit ein, die sich um Kaffee und Kuchen oder das Frühstück kümmern. Laden Sie gelegentlich den Pfarrer oder die Pfarrerin oder den Leiter oder die Leiterin der Einrichtung ein, damit der Kreis in die gesamte Gemeinde oder das gesamte Haus eingebunden bleibt und man voneinander erfährt.

BUDGET

Drängen Sie notfalls darauf, dass es für die Arbeit mit den älteren Menschen ein angemessenes Budget gibt. Kaffee und Kuchen oder das Frühstück werden sicherlich durch einen Teilnehmerbeitrag beglichen, aber Sie brauchen gelegentlich Material oder ein Buch für die eigene Vorbereitung. Vielleicht möchten Sie einmal eine Fortbildung besuchen oder bei einem Ausflug eine Teilnehmerin unterstützen, die wegen Ihrer kleinen Rente sonst nicht mitfahren könnte. Das Budget braucht nicht sehr hoch zu sein, aber es ist auch eine Art Wertschätzung für Ihre Arbeit.

GRUPPENBUCH

Nicht nur, wenn Sie die Gruppe in einem Team leiten, ist ein Gruppenbuch eine lohnende Sache. Sie sollten dort

aufschreiben, welches Thema Sie bearbeitet haben, welchen Kuchen es gab, wen Sie eingeladen haben und was es an besonderen Vorkommnissen gab. Auch die Teilnehmerliste ist hilfreich, weil Sie dann schnell sehen können, wer lange nicht da war. Die Nachfrage bei solchen Menschen zeigt, dass sie vermisst wurden und dass man echtes Interesse an ihnen hat.
Außerdem ist so ein Gruppenbuch ein Schatz, wenn einmal eine Chronik geschrieben werden soll oder die Leitung der Gruppe in andere Hände gegeben werden muss.
Manche der Seniorenkreise in meiner Kirche lassen die Teilnehmenden bei jedem Treffen den eigenen Namen in eine Liste eintragen. Das erhöht die Verbindlichkeit, regelmäßig teilzunehmen.
Vielleicht findet sich in Ihrer Gruppe sogar jemand, der besondere Treffen fotografisch festhält. Dann kann das Buch sogar bebildert werden. Sie werden beobachten können, dass auch die Gäste gerne hin und wieder in so einem Buch blättern.

MIT ZWÖLF THEMEN
durch das Jahr

MONATSTHEMA JANUAR: Die Weisen aus dem Morgenland – Könige – Besuch

Im Evangelium von Matthäus wird die Weihnachtsgeschichte so erzählt, dass darin die Weisen aus dem Morgenland die ersten Besucher an der Krippe sind. Mit ihnen kommen Menschen von weit her zu Jesus, wird also das Geschehen in dem kleinen Ort Bethlehem für die ganze Welt geöffnet. Meistens finden unsere Advents- und Weihnachtsfeiern im Dezember statt, sodass die Weisen aus dem Morgenland eher selten Thema dieser Feiern sind. Es ist aber dennoch lohnenswert, sich einmal intensiver mit ihnen zu beschäftigten. Und dazu ist dann ja im Januar auch noch Zeit.

EIGENE ANNÄHERUNG AN DAS THEMA

Welche Bräuche zum Dreikönigstag kennen Sie? Haben Sie Kontakt zu den Menschen, die in Ihrer Nähe das Sternsingen organisieren und könnten Sie die Gruppe in den Kreis einladen? Könnten Sie Menschen in den Kreis einladen, die auch fremd sind?

GESPRÄCHSIMPULS

ERZÄHLSPIEL

Besorgen Sie sich schöne Karten mit passenden Motiven zu den Weisen aus dem Morgenland oder suchen Sie sich

Geschenkpapier mit Sternen. Kleben Sie die Karten mit Pappe ab und schreiben Sie die folgenden Fragen auf die Rückseite. Dann liegen die Karten mit der Bildseite nach oben auf dem Tisch. Die darum versammelten Teilnehmenden decken jeweils eine Karte auf, lesen die Frage vor und kommen darüber ins Gespräch. So könnten die Fragen lauten:

- *Was schenken Sie üblicherweise, wenn es im Freundes- oder Bekanntenkreis Nachwuchs gegeben hat?*
- *Was könnte Sie dazu bewegen, sich auf die Suche nach etwas zu machen, von dem Sie nur eine vage Ahnung haben?*
- *Was würden Sie auf eine lange Reise unbedingt mitnehmen?*
- *Was wäre für Sie ein sehr wertvolles Geschenk?*
- *Welches Naturphänomen konnten Sie schon einmal beobachten?*
- *Haben Sie Kontakt zu Menschen aus einem anderen Kulturkreis? Erzählen Sie uns davon!*
- *Kommen zu Ihnen die Sternsinger, um den Segen an die Haustür zu schreiben?*
- *Man sagt, die Weisen aus dem Morgenland seien Vertreter der drei damals bekannten Erdteile gewesen. Welche Erdteile haben Sie schon besucht?*
- *Man sagt, die Weisen aus dem Morgenland seien die Vertreter der drei Lebensalter gewesen, Kindheit und Jugend, Erwachsenenalter, Greisentum – welches Lebensalter finden Sie am Schönsten?*

- *Die Weisen aus dem Morgenland kommen mit Kamelen und Elefanten. Auf welchen Tieren sind Sie schon geritten?*
- *Der König Herodes wollte die Weisen hinters Licht führen. Sind Sie schon einmal betrogen worden?*

- *Die Weisen werden auch Sterndeuter genannt. Was halten Sie von der Astrologie?*
- *Einer der Weisen wird als Mensch mit schwarzer Hautfarbe dargestellt. Kennen Sie Menschen anderer Hautfarbe? Erzählen Sie davon!*

Weitere Fragen mögen Ihnen oder auch Ihren Teilnehmenden selber einfallen.

Dauer: je nach Gruppengröße und Erzählfreude der Teilnehmenden 45 bis 60 Minuten

Material: die Karten mit den Fragen (Fragen auf CD-ROM)

GESPRÄCHSIMPULS

ZUWANDERER

Die Weisen aus dem Morgenland sind Fremde, die zur Geburt Jesu kommen und ihren Besuch machen. In unseren Tagen kommen auch viele Zuwanderer zu uns und

suchen hier Zuflucht und Schutz. Das erinnert besonders die Menschen älterer Generation an Flucht und Vertreibung. Manche reagieren mit Mitleid und dem Wunsch, zu helfen. Andere erinnern sich an eigene leidvolle Erfahrung in der Kriegs- und Nachkriegszeit und beklagen, dass sie damals nicht so viel Hilfe bekommen hätten, wie die Flüchtlinge heute. Das ist sicherlich ein sensibles Thema, das aber nicht ausgeklammert werden sollte.
Richten Sie nacheinander folgende Fragen an die Runde Ihrer Teilnehmenden und lassen Sie viel Zeit zum Erzählen und Diskutieren.

- *Was müsste geschehen, damit Sie Ihre Heimat verlassen?*
- *Was brauchen Menschen, um sich irgendwo heimisch zu fühlen?*
- *Wem sollte man das Asylrecht verweigern und warum?*
- *Was soll mit Asylsuchenden geschehen, die sich hier nicht integrieren wollen oder können?*
- *Welche Angebote zur Integration sind aus Ihrer Sicht dringend notwendig?*
- *Könnten Sie sich vorstellen, sich um einen Asylsuchenden besonders zu kümmern und ihm das Einleben zu erleichtern?*

Wenn Sie dieses Thema vertiefen möchten, verweise ich Sie auf das Kapitel »Heimat« in meinem Buch »Schatztruhe für die Seniorenarbeit«, in dem ich dieses Thema ausführlicher bearbeitet und Ihnen dazu vielfältige methodische Vorschläge gemacht habe. Die Besucher aus dem Morgenland sind ja nicht im eigentlichen Sinne Zuwanderer, sondern eher Besucher, die nach ihrer Begegnung mit der Heiligen

Familie wieder in ihre Heimat zurückgekehrt sind. Deshalb passt hier vielleicht eher der nächste methodische Vorschlag.

Dauer: 30 Minuten

Material: die Fragen (CD-ROM) auf Karten oder mündlich gestellt

GESPRÄCHSIMPULS

BESUCH BEKOMMEN ODER BESUCHE MACHEN

Heute geht man schnell auf einen Sprung zu Freunden oder Bekannten, wird spontan zum Mittagessen eingeladen oder verabredet sich kurzfristig auf ein Glas Bier oder Wein. Früher war es ein größeres Unternehmen, Besuch zu bekommen oder Besuche zu machen. Die Wohnung oder das Haus wurde geputzt, die beste Tischdecke aufgelegt, die natürlich blütenrein und gut gebügelt war. Es wurde Kuchen gebacken oder ein aufwändiges Essen gekocht. Das gute Geschirr kam aus dem Schrank. Auf den Bauernhöfen war das eine Gelegenheit, wieder einmal in die gute Stube zu gehen. Regen Sie Ihre Teilnehmenden dazu an, über die Besuchskultur früher ins Gespräch zu kommen. Mit dieser Methode können Sie das Gespräch schnell in Gang bringen.

Suchen Sie sich einen schönen Korb, in dem Sie folgende Gegenstände legen:

- *Einen Schrubber*
- *Eine gute Tischdecke*
- *Eine Kuchenform*
- *Eine Serviette*

- *Putzmittel*
- *Eine Kittelschürze*
- *Ein Staubtuch*
- *Eine Sammeltasse*

Ggf. finden Sie und Ihre Teilnehmenden weitere Ideen.

Decken Sie die Gegenstände im Korb zunächst mit einem großen Tuch ab. So wecken Sie die Neugier der Teilnehmenden. Packen Sie nun den Korb nach und nach aus und lassen Sie zu jedem Gegenstand die Assoziationen fließen, sodass die Menschen in Ihrer Runde darüber ins Gespräch kommen, was früher alles angestellt wurde, bevor man Besuch empfing.
Vergleichen Sie dann diese Besuchskultur mit dem, was heute geschieht, wenn Freunde oder Bekannte einander besuchen.
Diese Einheit eignet sich auch gut, wenn Sie in Ihrer Gemeinde oder in Ihrem Altenpflegeheim einen Kreis ehrenamtlicher Besucher haben. So kann man diese engagierten Menschen gut schulen und ihnen deutlich machen, wie sehr sich die Kultur des Besuchens im Laufe der Jahre verändert hat.

Dauer: 30 Minuten

Material: den Korb mit den aufgelisteten Gegenständen

KÖNIGE

Die Weisen aus dem Morgenland, so heißen sie in der Bibel, werden später zu den Heiligen drei Königen. Wohl wegen der kostbaren Geschenke hat man ihnen diesen Titel gegeben. Viele der älteren Menschen lesen in den Zeitungen der Regenbogenpresse gerne etwas über die aktuellen Königshäuser und kennen sich da oft gut aus. Beim Friseur oder in den Arztpraxen gehören diese Blätter zu den beliebten Zeitungen. Selbst wenn Sie selbst diese Royals nicht besonders interessant finden, schätzen Sie das Interesse Ihrer Teilnehmenden dafür nicht gering, sondern nutzen Sie das Wissen zum Austausch und zum Gespräch.
In der folgenden Tabelle habe ich Ihnen die berühmtesten Königshäuser so aufgeschrieben, dass Sie jeweils den König und die Königin und das Land finden, in dem sie herrschen oder einmal herrschen werden oder, im Falle Hannovers, einmal geherrscht haben.

König / Prinzgemahl	**Königin / Frau des Königs**	**Land**
Carl XVI. Gustaf	Silvia Sommerlath	Schweden
Daniel Westling	Victoria	Schweden
Harald	Sonja Haraldsen	Norwegen
Haakon Magnus	Mette Marit	Norwegen
Margrethe II.	Hendrik	Dänemark
Frederik	Mary	Dänemark
Philip Herzog von Edinburg	Elisabeth II.	Vereinigtes Königreich

Charles	Camilla	Vereinigtes Königreich
William	Kate Middleton	Vereinigtes Königreich
Beatrix	Claus von Amsberg	Niederlande
Willem Alexander	Maxima	Niederlande
Baudouin I.	Fabiola	Belgien
Albert II.	Paola	Belgien
Philippe	Mathilde	Belgien
Juan Carlos I.	Sofia	Spanien
Felipe VI.	Letizia	Spanien
Ernst August	Caroline	Hannover
Rainier III.	Grazia Patrizia	Monaco
Albert II.	Charlene Wittstock	Monaco
Akihito	Michiko	Japan

Drucken Sie sich diese Tabelle möglichst etwas vergrößert aus und schneiden Sie die einzelnen Namen und Länder aus. Geben Sie alle Streifen in einen Briefumschlag und fordern Sie die Teilnehmenden auf, die Könige, Königinnen und das Land in der richtigen Reihenfolge auf den Tisch zu legen. Wenn Sie so einen Briefumschlag für jeden Tisch vorbereiten, können Sie dieses Zuordnungsspiel sogar um die Wette stattfinden lassen. Wenn Sie für jeden Tisch eine andere Farbe wählen, ist das Spiel leichter wiederverwendbar, weil die Streifen dann nicht durcheinander kommen können.

Stellen Sie im Anschluss an dieses Zuordnungsspiel die

Frage, ob die älteren Herrschaften an der Monarchie festhalten oder sie abschaffen würden.

Dauer: 20 Minuten

Material: die Karten mit den Namen der Monarchen und der Länder (CD-ROM)

GÄSTE

STERNSINGER

Wenn es in Ihrem Ort oder Stadtteil Sternsinger gibt, laden Sie diese doch ganz gezielt zum Seniorenkreis ein, damit sie das Haus segnen und von ihrer Arbeit erzählen können.

Vermutlich denken viele Ihrer Teilnehmenden, dieser Segen hieße »Caspar, Melchior und Balthasar«. Es ist aber die Abkürzung für »Christus Mansionem Benedicat – Christus segne dieses Haus«. Schreiben Sie den Segen gut lesbar auf eine Postkarte und kopieren Sie sie für alle Teilnehmenden. So haben Sie wieder einmal ein schönes Mitgebsel.

Dauer: 15 Minuten

Material: eine Postkarte mit dem aufgeschriebenen Segen zum Verteilen. Schön wäre es auch, für die Kinder einige Süßigkeiten bereitzuhalten. Denken Sie auch daran, dass die Kinder für ein Projekt sammeln und Spenden erbitten.

ANDERE HAUSINSCHRIFTEN

An vielen alten Bürger- und Bauernhäusern findet man Inschriften, Epigramme. Manchmal weisen sie darauf hin, wer in dem Haus wohnt, manchmal sind es auch Segenswünsche. Sicherlich werden sich die Teilnehmenden an solche Inschriften erinnern und gerne davon erzählen. Schreiben Sie am Flipchart mit, was genannt wird.
Hier einige Sprüche, die ich aus meiner Gegend kenne oder im Internet gefunden habe:

- *Wer Fleisch und Wurst und Schinken hat, der wird noch alle Tage satt.*
- *Oh, Heiliger St. Florian, bewahr' dies Haus, zünd' andre an.*
- *Der Segen des Herrn machet reich ohne Mühe und Arbeit.*
- *Das Haus ist mein und doch nicht mein, als Pilger geh ich aus und ein. Mein Nachfahr wird auch Pilger sein.*
- *Gott bewahre dieses Haus und alle, die da gehen ein und aus.*
- *Ich baue nicht aus Lust und Pracht, die Not hat mich dazu gebracht.*
- *Es ist nichts so schön gemacht, so kommt doch einer, der's veracht.*
- *Wer Gott vertraut, hat wohl gebaut im Himmel und auf Erden.*

Diese Internetseite hilft weiter: https://de.wikipedia.org/wiki/Hausspruch. Und auch auf dieser Seite gibt es viele Informationen und Beispiele: http://www.hausinschriften.com/

Dauer: 15 Minuten

Material: ein Flipchart zum Mitschreiben der Hausinschriften CD-ROM)

GESPRÄCH

Fragen Sie danach, welche Inschrift gut zu dem Haus passen würde, in dem sich Ihre Gruppe trifft. Und denken Sie daran, die Ergebnisse des Gespräches an den Gemeindekirchenrat, das Presbyterium oder die Einrichtungsleitung weiterzugeben.

Dauer: 15 Minuten

Material: Papier und Stift für Notizen

REZEPT

DREIKÖNIGSKUCHEN

In Frankreich gibt es zum Dreikönigstag einen besonderen Kuchen. Das Rezept finden Sie auf dieser Internetseite: *http://www.parisculinaire.com/de/kochrezepte/lust_auf/kuchen/dreikoenigskuchen.html* Drucken Sie das Rezept aus, damit Sie es Ihren Teilnehmenden mitgeben können. Wenn die Räumlichkeiten, in denen Sie sich treffen, die Möglichkeit dazu bieten, könnten Sie den Kuchen auch gemeinsam backen.

Dauer: Wenn Sie das Rezept nur verteilen, dann geht das sehr schnell. Wenn Sie auch backen, müssen Sie mehr Zeit einplanen.

Material: das kopierte Rezept, ggf. die Backzutaten und das Equipment zum Backen

KREATIVES UND MEDITATION

STERNENBLUME

Schneiden Sie einen Stern mit gleichmäßigen Zacken aus. Diese Vorlage ist dazu gut nutzbar:

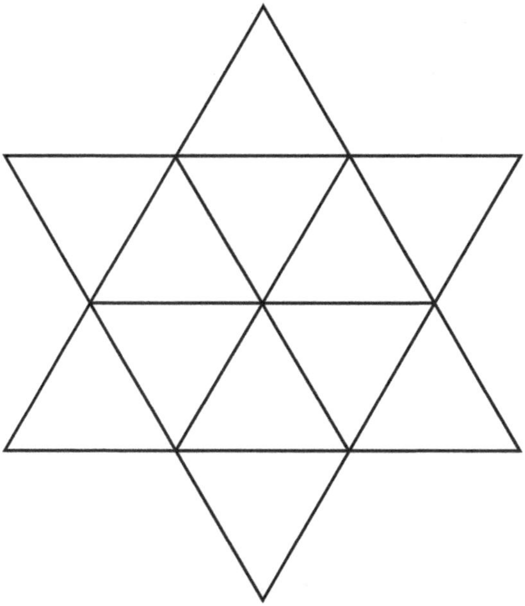

Ich habe sie auf dieser Internetseite gefunden: *www.creativ-seiten.de*. Nun schreiben Sie in die inneren sechs Felder gute Wünsche, die Sie Ihren Teilnehmenden mit ins neue Jahr geben wollen. Jetzt werden die äußeren Zacken so in die Mitte gefaltet, dass die Wünsche nicht mehr zu lesen sind.

Stellen Sie einen flachen Teller in die Mitte des Tisches und legen Sie die Faltarbeit mit der Rückseite ins Wasser. Wenn Sie etwas dickeres Papier genommen haben, dann faltet sich der Stern ganz langsam wieder auf und die guten Wünsche werden sichtbar.
Danach kann man noch einige meditative Gedanken anfügen, in denen deutlich wird, dass auch unsere guten Wünsche füreinander Zeit brauchen, um sich zu entfalten und wahr zu werden. Wer zu ungeduldig an ihnen herumzerrt, kann sie leicht zerstören.
Ein schöne Idee wäre es auch, den Teilnehmenden so einen Stern zum Ausschneiden und zum Beschriften mit guten Wünschen zu geben, damit sie jeweils so einen Stern für ein anderes Mitglied der Gruppe oder für Menschen im eigenen Umfeld gestalten können. Lassen Sie viel Zeit zum Betrachten und zum Austausch darüber, welche Wünsche man bekommen hat.

Dauer: 20 Minuten

Material: die ausgeschnittenen Sterne mit den guten Wünschen in der Mitte, pro Tisch einen flachen Teller mit Wasser

ERZÄHLIMPULS

BEGINN EINES NEUEN JAHRES

Mit dem Gedenktag für die Weisen aus dem Morgenland hat das neue Jahr schon seine ersten Tage hinter sich, lädt aber immer noch dazu ein, Wünsche und Gedanken an das neue Jahr zu formulieren.
Um über diese Fragen ins Gespräch zu kommen, bietet es sich an, einen alten Kalender zu suchen, dessen Bilder uns

zu Fragen zum neuen Jahr anleiten. Mit einem Kalender aus dem Gütersloher Verlagshaus habe ich das einmal exemplarisch für Sie gemacht. Wie der Kalender auch heißt der Erzählimpuls »Erinnerungen an helle Tage«.
Bei der Formulierung der Fragen, die die Teilnehmenden miteinander ins Gespräch bringen sollen, habe ich mich jeweils von den Bildern leiten lassen. Mit ein wenig Übung können Sie das selbst mit jedem beliebigen Kalender auch so machen.
Ich schreibe Ihnen jeweils auf, was auf dem Bild zu sehen ist und welche Frage ich mir ausgedacht habe. Die Motive der Bilder sind kursiv gedruckt, die Fragen auf den Rückseiten normal.

- *Schneebild – Sind Sie schon einmal eingeschneit?*
- *Osterglocken im Schnee – Gegensätze ziehen sich an – Haben Sie in Ihrem Leben Beispiele dafür?*
- *Schnecke – Es heißt, im Alter ginge alles langsamer. Stimmt das für Sie?*
- *Weg durch ein Rapsfeld – Welche Wege sind Sie in Ihrem Leben oft gegangen?*
- *Möwe fliegt übers Wasser – Frei, wie ein Vogel – Welche Freiheiten haben Sie in Ihrem Leben besonders genossen?*
- *Bunter Stuhl am Steg – Wohin würden Sie diesen Stuhl gerne stellen, um darauf zu sitzen?*
- *Katze schaut unter Türschlitz durch – Haben Sie einmal etwas Besonderes beobachten können?*
- *Berg spiegelt sich im See – Was spiegelt sich in Ihnen wieder?*

- *Stoffherz auf Stroh* – *Wofür haben Sie ein großes Herz?*
- *Gefrorene Blume* – *Die eingefrorene Blume ist ein echtes Kunstwerk. Welche Kunst mögen Sie gerne?*
- *Sonnenauf- oder untergang* – *Erzählen Sie von einem schönen Sonnenaufgang oder Sonnenuntergang, den Sie einmal beobachtet haben.*
- *Verschneite Häuschen* – *Diese Häuschen sehen aus wie im Winterschlaf. Möchten Sie manchmal auch einen Winterschlaf machen?*

Wenn Sie diesen Impuls mit eigenen Bildern nacharbeiten wollen, achten Sie darauf, dass die Fragen keine Ja-Nein-Fragen sind, sondern zum Erzählen einladen. Einlaminiert ist das Spiel lange haltbar und kann bei kleinen Missgeschicken leicht gereinigt werden. Achten Sie auf eine gut lesbare Schrift. Auch die Motive der Bilder sollten nicht zu klein sein. Häufig stehen auf der Bildseite noch Sprüche, die zu den Monaten passen. Auch diese können Sie noch nutzen, um darüber ins Gespräch zu kommen.

Dauer: 30 bis 45 Minuten

Material: die Kalenderbilder mit den Fragen (CD-ROM) auf der Rückseite

ZUM VORLESEN

MILCHSTRASSE

Viele Jahre sind mein Mann und ich an einen fast schon spirituell zu nennenden Campingplatz in Kalabrien gefahren. Dort gab es weiße Hexen, Trommler, Schutzgeister und Schamanen. Dort war es oft so abgefahren, dass wir uns gar nicht hat mehr trauten, unseren Alltagsberuf zu benennen. Morgens hat die weiße Hexe neben uns gegen sechs Uhr ihren Knoblauch angebraten. Gegenüber begann der pensioniere Lehrer mit seinen Nachhilfestunden in Griechisch, sehr zur Freude der Schüler, die sich den Urlaub genau so vorgestellt hatten. Rechts besprach der Maler sich mit seinem Pinsel und hinter uns vertrieb der Arzt sich die Zeit mit dem ersten Rotwein. Es war zugegebenermaßen erst sechs Uhr am Morgen, aber immerhin. Die Autos standen zum Glück nicht neben den Zelten, so dass man per Augendiagnose nicht erkennen konnte, wer woher kam. Wenn am Abend alle Grillfeuer erloschen waren und der Rotwein aus dem örtlichen Weinkeller das Regiment über den Platz erobert hatte, dann begegnete man einander ganz frei, ohne

Vorbehalte, ohne Vorurteile, ohne voreilige Einschätzungen. Wir standen vor unseren nomadischen Behausungen und staunten über den Himmel. »Strada lattale«, so heißt auf Italienisch die Milchstraße und wir alle, die wir dort standen und staunten, tauschten uns aus über die Sternschnuppen, die wir in unserem Leben schon gesehen hatten. Wie Regenschauer, selten und rar, überhaupt gar nicht – so waren die Eindrücke ganz verschieden. Aber dennoch waren wir in dem Moment eine fast schon verschworene Gemeinschaft, ohne dass wir uns allerdings unsere Wünsche beim Fallen einer Sternschnuppe verraten hätten. Wir versprachen einander, den Kontakt zu halten. Sie können sich sicherlich vorstellen, dass wir danach nie wieder voneinander gehört haben. Nein, gehört nicht, aber sie sind mir im Gedächtnis geblieben. Immer, wenn in einer klaren Nacht die Sterne funkeln, sind wir alle wieder beisammen.

Antoinette tanzte nicht nur ihren Namen, sondern auch ihr Sternzeichen. Die kosmische Kraft der Milchstraße verlieh ihr magische Kräfte. Das Meer wogte völlig unbeeindruckt hin und her.

In der Nacht hat übrigens Virgilio wieder getrommelt, was meinem Bedürfnis nach ruhigem Schlaf sehr geschadet hat. Gegen zwei Uhr bin ich aufgestanden, habe mein Taschenmesser gezückt und bin zu ihm gegangen. Er stand mit seiner Trommel dort, wo die Abbruchkante zum Strand ganz nah war. Keine zehn Zentimeter hätten noch gefehlt, und er wäre abgestürzt. Als ich herankam, ahnte er nichts Gutes. Eigentlich konnte ich noch nicht besonders gut italienisch, aber das nächtliche Ärgernis verleiht mir Vokabeln, über die ich mich selbst wundere. »Entweder du hörst sofort auf, oder ich steche dir die Trommel kaputt und zwar sofort!« Die

Antwort enthält unter vielen anderen Vokabeln »Strega!« und ich weiß, dass ich gemeint bin. Klar, er hält mich für eine Hexe. Egal, ich will jetzt schlafen. Aber vorher gucke ich noch ein bisschen Sterne. Wer weiß, vielleicht fällt ja gerade eine Sternschnuppe. Und ich weiß auch schon, was ich mir wünsche, aber ich sag's nicht.

Vorlesedauer: 7 Minuten

Material: Die Geschichte

SAMMELAUFGABE

Lassen Sie die Teilnehmenden möglichst viele Worte finden, die mit Stern oder Sternen beginnen. So könnte die Liste aussehen:

- *Sternenstaub*
- *Sternenzelt*
- *Sternbild*
- *Sternzeichen*
- *Sternenhimmel*
- *Sternwarte*
- *Sternenkinder*
- *Sternengucker*

Dauer: 5 Minuten

Material: Ein Flipchart zum Mitschreiben der Nennungen (Beispiele CD-ROM), ein dicker Stift

MONATSTHEMA FEBRUAR
Spaziergang durch den Monat

Für den Februar habe ich Ihnen für jeden Tag dieses Monats ein Ereignis, einen Menschen, eine Eröffnung oder einen Gedenktag herausgesucht. Zunächst soll erraten werden, was gemeint ist. Dann gibt es zu den beschriebenen Ereignissen oder Gedenktagen noch weiterführende Anregungen, aus denen Sie aber unbedingt eine Auswahl treffen sollten.

EIGENE ANNÄHERUNG AN DAS THEMA

Schauen Sie sich die Fragen vorher gut an und überlegen Sie sich, was Sie zu den einzelnen Fragen noch ergänzend einbringen können. Treffen Sie eine Auswahl bezüglich der Gedenktage, die Sie in der Gruppe noch vertiefen könnten. Wenn der Gruppe dieser Impuls Spaß gemacht hat, lässt er sich leicht auch zu anderen Monaten so gestalten. Geben Sie dazu einfach den Monat, den Sie gewählt haben, bei Google oder in eine andere Suchmaschine ein.

Datum	Frage	Antwort
1	Am 1. Februar 1901 wird in Cadiz in Ohio ein Mann geboren, der als Schauspieler sehr berühmt werden wird. Er ist Herzensbrecher und Draufgänger. Seine berühmteste Rolle ist die des Rhett Buttler	Clark Gable

	in »Vom Winde verweht«. Wer ist das?	
2	Am 2. Februar 1829 wird der heute Gesuchte in Thüringen geboren. Er ist Zoodirektor in Hamburg, aber berühmt wird er für seine 13 Bände, in denen er unzählige Tiere beschreibt, die er seit seiner Kindheit und auf vielen Erkundungsreisen sorgfältig beobachtet hatte. Wer ist das?	Alfred Brehm
3	Ob Sie Johannes Gensfleisch zur Laden kennen? Er starb am 3. Februar 1468. Wohl zu recht wird er der Erfinder einer der bedeutendsten Künste der Menschheit genannt. Heute nutzen wir seine Erfindung tagtäglich und ohne sie könnten Sie nicht lesen, was ich geschrieben habe. Unter welchem Namen kennen wir Herrn Gensfleisch?	Gutenberg
4	Am 4. Februar wird der heute gesuchte1906 in Breslau geboren. Er wird Pfarrer und engagiert sich in der Bekennenden Kirche gegen die Nazis. Zunächst der Entzug der Lehrerlaubnis, später auch Rede- und Schreibverbot reichten seinen Gegnern nicht. Sie deportierten und	Dietrich Bonhoeffer

	ermordeten ihn. Nun ist er auch »Von guten Mächten wunderbar geborgen«.	
5	Es ist erst der Einigungsvertrag für ein besonderes Bauvorhaben, der am 5. Februar 1901 geschlossen wird. Erst 1914 wird das Werk vollendet sein. Es ist 81,6 km lang und verbindet den Atlantik mit dem Pazifik. Wie heißt das Bauwerk?	Panamakanal
6	Am 6. Februar 1921 hat ein Film Geburtstag. Es ist der erste Film eines besonderen Komikers, der in New York gezeigt wird. Der Film heißt »The Kid«, aber ich möchte wissen, wie der Komiker heißt.	Charly Chaplin
7	Eine Massenhysterie gibt es, als am 7. Februar 1964 eine Gruppe von Musikern auf dem New Yorker Flughafen landet. In nur 15 Monaten hatten sie die Musikszene erobert. Bei ihren Konzerten mussten sie von 100 Leibwächtern geschützt werden. Wie die Gruppe heißt, wissen Sie sicherlich, aber kennen Sie auch die Namen der vier Musiker?	Beatles John Lennon Paul Mc Cartney George Harrison Ringo Starr
8	Der heute gesuchte Schauspieler wird am 8. Februar	James Dean Jenseits von Eden

	1931 in Fairmont, Indiana geboren. Es sind nur drei Filme, die er macht, dennoch wird er weltberühmt, gar zum Idol der damaligen Jugend. Ein Autounfall beendet seine Karriere jäh. Ich hätte gerne den Namen des Schauspielers und die der drei Filme.	... denn Sie wissen nicht, was sie tun Giganten
9	Heute hat ein Gemälde Geburtstag. Am 9. Februar 1642 schließt der Maler die Arbeiten daran ab. Es ist ein ungewöhnliches Werk, denn die Personen darauf werden nicht einfach porträtiert, sondern in einer dramatischen Handlung gezeigt. Können Sie mir den Maler und den Titel des Bildes nennen?	Rembrandt Nachtwache
10	Zwei Schriftsteller haben heute Geburtstag. Der eine wird am 10. Februar 1898 in Augsburg geboren. Er schreibt so berühmte Bücher wie »Dreigroschenoper« und »Mutter Courage«. Der andere wird am 10. Februar 1890 in Moskau geboren. Bei ihm denken wir vor allem an »Doktor Schiwago« und natürlich daran, dass er den Nobelpreis für Literatur bekam. Wie heißen die beiden Schriftsteller?	Bertolt Brecht Boris Pasternak

11	Heute suchen wir einen Meisterkoch. Am 11. Februar 1926 wird er in Frankreich geboren. In seiner »Neuen Küche« nutzt er frische Zutaten, kocht kalorienarm und bekömmlich und will den Eigengeschmack der Lebensmittel gerne erhalten. Dieser Meisterkoch heißt wie?	Paul Bocuse
12	Ein Präsident hat heute Geburtstag. Es ist der 16. der Vereinigten Staaten von Amerika und bis heute eine Symbolfigur der Amerikaner. Am 12. Februar 1809 wird er geboren. In seine Amtszeit fallen die Sezessionskriege, in denen es um die Abschaffung der Sklaverei geht. 1865 wird er bei einem Theaterbesuch von einem weißen Rassisten erschossen. Wie heißt der Präsident?	Abraham Lincoln
13	Heute hat ein Gedichtband Geburtstag. »Elegien auf Schloss Duino« heißt er. Er erscheint am 13. Februar 1913 in Leipzig. Der Dichter hat sehr zurückgezogen gelebt, ist aber bis heute viel gelesen. Ich bin sicher, Sie kennen einige seiner Zeilen auswendig. Sein Name ist …?	Rainer Maria Rilke

14	Heute ist Valentinstag, aber danach zu fragen, wäre viel zu einfach für Sie. Es geht um ein Bauwerk, das an diesem Datum 1985 eingeweiht wurde, nachdem es im 2. Weltkrieg in Schutt und Asche gelegt worden war. Es steht in Dresden und hat eine wechselvolle Geschichte und war bereits einem Brand zum Opfer gefallen. Es heißt wie der Mann, der das zweite Haus entworfen hat, nämlich wie …?	Semperoper
15	Der 15. Februar 1971 bringt eine große Veränderung für ein Land. Bis dahin zählten sie im Dutzend. Nun kommt auch für sie das aus Indien stammende Dezimalsystem. Die Umstellung erleichtert den Handel und ebnet den Weg in die Europäische Wirtschaftsgemeinschaft. Für welches Land?	Großbritannien
16	Der wohl wichtigste Weggefährte Martin Luthers hat heute Geburtstag. 1497 wird er am 16. Februar geboren, und zwar in Bretten. 1560 stirbt er in Wittenberg. Er wird auch »Lehrer Deutschlands« und natürlich »Reformator« genannt. Sein Vater hieß üb-	Philipp Melanchthon

	rigens Georg Schwartzerdt. Wie heißt der Gesuchte?	
17	Endlich suchen wir nach einer Frau. Sie wird am 17. Februar 1937 in Wuppertal geboren. Sie ist Ministerin für Jugend, Familie und Gesundheit und Präsidentin des Deutschen Bundestages. Dass sie mit Vornamen heißt, wie die Autorin dieses Buches wäre als Hinweis sicherlich gar nicht nötig gewesen, denn es ist ...?	Rita Süssmuth
18	Am 18. Februar 1867 wird in Nebra an der Unstrut eine Frau geboren, die in bescheidenen Verhältnissen aufwächst. Schon mit 17 Jahren beginnt sie zu schreiben. 200 Romane werden es, teilweise in Millionenauflage. In den Romanen geht es häufig um eine Frau, die tugendhaft ist und durch Heirat mit einem Adligen aufsteigt. Es ist ...?	Hedwig Courths-Mahler
19	Am 19. Februar 1931 kommen Polly Peachum und Mackie Messer ins Kino. Das berühmte Bühnenstück von Bertolt Brecht wird verfilmt. Der Autor ist nicht zufrieden, aber der Film wird zu einem Meilenstein des frühen deutschen Films. Wie heißt das	Dreigroschenoper Und der Haifisch, der hat Zähne

	Stück und was hat der Haifisch?	
20	Heute suchen wir einen Rennfahrer. Am 20. Februar 1898 wird er in Modena geboren. Er gründete einen eigenen Rennstall und konstruierte bald eigene Autos. Das Emblem ist ein springendes Pferd und die Preise für die Autos sind astronomisch. Der Rennfahrer heißt ...?	Enzo Ferrari
21	Am 21. Februar 1787 schreibt ein berühmter Dichter einen berühmten Liebesbrief an seine Seelenfreundin Charlotte von Stein. Auf seiner »Italienischen Reise« hat er ihn geschrieben, aber nach seiner Rückkehr war es wohl aus mit der Liebe. Wie heißt der Dichter?	Johann Wolfgang von Goethe
22	Ein Berg wird gesucht. Am 22. Februar 1965 wird er bezwungen. Er galt als eine der letzten Herausforderungen der Alpen, weil er über weite Strecken fast senkrecht abfällt. Walter Bonatti gelingt, was viele für unmöglich hielten. Wie heißt der Berg?	Matterhorn
23	In Dresden wird der Gesuchte geboren. Das ist am 23. Februar 1899. Sie kennen ihn vermutlich hauptsächlich	Erich Kästner

	als Kinderbuchautor. »Emil und die Detektive« und »Das fliegende Klassenzimmer« wären hier zu nennen. Aber er war auch ein Gegner des Faschismus und konnte nur unter Pseudonym das Drehbuch für »Münchhausen« schreiben. Das ist …?	
24	Am 24. Februar 1786 wird der Gesuchte in Hanau geboren. Zusammen mit seinem Bruder sammelt er Sagen, Mythen und Märchen, damit sie nicht verloren gehen. Der Bruder heißt Jacob. Und wie heißt unser Gesuchter?	Wilhelm Grimm
25	Der 25. Februar 1842 ist der Geburtstag eines ungewöhnlichen Mannes. Er war im Zuchthaus und wird berühmt als Schreiber von Reiseerlebnissen und Abenteuergeschichten. Er war zwar selbst nie an den Orten, die er beschreibt, aber das schadet den Auflagen seiner Werke nicht. Muss ich noch Winnetou erwähnen, damit Sie erraten, wen ich meine?	Karl May
26	Es ist der Todestag eines französischen Schauspielers. Am 26. Februar 1971 stirbt er in Paris. Wir kennen ihn vor allem aus den Filmen, in denen	Fernandel

	er der Gegenspieler des Bürgermeisters einer kleinen italienischen Stadt ist. Er ist der Priester und bespricht seine Anliegen regelmäßig mit seinem Herrn. Das ist ...?	
27	Einen lyrischen Tenor suchen wir. Am 27. Februar 1873 wird er in Neapel geboren. Er singt auf den Bühnen der Welt und entfaltet auch schauspielerisches Talent. Seine Stimme ist auch auf Schallplatten zu hören. Das ist ...?	Enrico Caruso
28	Ein Eiskunstlaufpaar gewinnt am 28. Februar 1963 die Weltmeisterschaft in Cortina d'Ampezzo. Die beiden sind das deutsche Traumpaar auf dem Eis. Das sind ...?	Marika Kilius und Hans-Jürgen Bäumler
29	Am 29. Februar 1504 gibt es eine totale Mondfinsternis. Das Wissen um dieses Ereignis rettet einem Mann das Leben, der vor der Küste Jamaikas Schiffbruch erleidet und von den Einheimischen feindselig aufgenommen wird. Als seine Vorhersage bezüglich der Finsternis eintrifft, sind die Menschen beeindruckt und sehen das als göttliches Zeichen. Der Seefahrer ist ...?	Christoph Kolumbus

Wenn Sie in einem Altenpflegeheim oder in einer Tagespflege tätig sind, können Sie gut für jeden Tag des Monats die Frage auf ein Plakat schreiben und dieses gut sichtbar an einen zentralen Ort des Hauses hängen. Vielleicht zur Kaffeezeit kann dann die Lösung präsentiert werden. Diese Aktivität ist für die alten Menschen sehr anregend und bringt sie den Tag über miteinander ins Gespräch. Wenn Sie eher einzelne ältere Menschen besuchen, können Sie die Liste mit den Fragen zu den einzelnen Tagen auch als Anregung bei Ihrem Besuch mitnehmen. Dazu sollten Sie die Liste ohne die Antworten ausdrucken. Wenn Sie das nächste Mal kommen, können Sie gemeinsam über die Lösungen sprechen.

Dauer: 45 Minuten

Material: die Liste mit den Fragen zu jedem Tag des Monats (CD-ROM)

WEITERFÜHRENDE IDEEN ZU DEN TAGEN IM FEBRUAR

Sie sollten die Fragen oben nicht einfach nacheinander stellen und schnell zum nächsten Datum und zur nächsten Frage übergehen. Zu allen Themen bieten sich weiterführende Fragen an, die ich Ihnen hier aufgeschrieben habe.

1. *Fragen Sie nach den Lieblingsfilmen der Teilnehmenden.*
2. *Regen Sie an, von Zoobesuchen oder eigenen Tierbeobachtungen zu erzählen.*
3. *Fragen Sie nach Erfindungen, die Ihre Teilnehmenden für bahnbrechend halten.*
4. *Singen Sie miteinander das Lied: »Von guten Mächten wunderbar geborgen«.*

5. *Lassen Sie aufzählen, welche Kanäle die Teilnehmenden noch kennen.*
6. *Wer mag, soll aufstehen und sich so hinstellen, wie Chaplin oft gestanden hat.*
7. *Legen Sie einige Beatles-Songs auf.*
8. *Fragen Sie danach, wer in der eigenen Jugend ein Idol war.*
9. *Lassen Sie davon erzählen, welche Gemälde Ihre Teilnehmenden beeindruckt haben.*
10. *Fragen Sie nach Schriftstellern, die man gerne gelesen hat.*
11. *Lassen Sie alle ihr Lieblingsgericht aufzählen.*
12. *Wie viele Präsidenten der Vereinigten Staaten von Amerika können Sie zusammentragen? (Die Lösung finden Sie auf dieser Internetseite: https://de.wikipedia.org/wiki/Liste_der_Pr%C3%A4sidenten_der_Vereinigten_Staaten)*
13. *Halten Sie ein Gedicht von Rilke bereit oder fragen Sie die Teilnehmenden, wer vielleicht eines aufsagen kann.*
14. *Lassen Sie die Teilnehmenden von einem schönen Besuch in der Oper oder Operette erzählen.*
15. *Zählen Sie miteinander auf Englisch von 1- 10.*
16. *Hier können Sie entweder von einem eigenen Lehrer erzählen lassen, der einen auf die eine oder andere Weise geprägt hat. Oder Sie fragen danach, mit wem man gerne zusammengearbeitet hat.*
17. *Was müsste die Regierung aus Sicht der Teilnehmenden endlich einmal durchsetzen?*

18. *Regen Sie eine Diskussion über Groschenromane an.*

19. *Singen Sie miteinander das Lied: »Und der Haifisch, der hat Zähne«. Den Text finden Sie hier: https://de.wikipedia.org/wiki/Die_Moritat_von_Mackie_Messer*

20. *Lassen Sie alle von ihrem ersten Auto erzählen.*

21. *Fragen Sie nach Freundschaften, die die Teilnehmenden noch in besonderer Erinnerung haben.*

22. *Zählen Sie berühmte Berge auf.*

23. *Lesen Sie das Februar-Gedicht aus dem Gedichtzyklus »Die 13 Monate« von Erich Kästner vor. Sie finden es hier: http://www.erich-kaestner-kinderdorf.de/Gedichte/februar.htm*

24. *Kommen Sie über Märchen ins Gespräch. Sicherlich kann gemeinsam ein Märchen erzählt werden.*

25. *Tragen Sie die Erinnerungen an die Karl-May-Filme zusammen.*

26. *Hier können Sie nach Erinnerungen an kauzige Menschen fragen.*

27. *Auf Youtube gibt es »La Donna é mobile« zu hören, natürlich von Caruso gesungen. Sie finden den Beitrag hier: https://www.youtube.com/watch?v=aef9DGvZ8Qo*

28. *Fragen Sie danach, ob man die Eiskunstläufe damals angeschaut hat. Vielleicht mögen Sie auch noch nach den Namen für die Kunstsprünge fragen (Axel, Rittberger, Salchow, Toeloop, Lutz und Flip)*

29. *Fragen Sie nach weiteren berühmten Entdeckern.*

Dauer: je nach Auswahl der weiterführenden Fragen, alle Fragen werden Sie in einer Zusammenkunft nicht schaffen.

Material: je nach Auswahl der Fragen

GESCHICHTE ZUM VORLESEN

CALL-BOY

Die Gestaltung von Karnevalsfeiern, egal für welche Altersgruppe, ist so gar nicht meins. Ich habe keine Freude daran, mich zu verkleiden und in andere Rollen zu schlüpfen. Das muss ich schon im üblichen Leben so häufig, dass sich dazu kein Motivationsstau bildet, den ich abarbeiten müsste. Dennoch sind mir die Bedürfnisse und Wünsche meiner Lieben in der Gemeinde fast Befehl. Also lade ich die Kinder zu einem Rosenmontagstreff ein. Alle erscheinen verkleidet. Jonas wird als Call-Boy kommen, wie er uns bereits am Sonntag im Kindergottesdienst mitteilt. Wir denken an einen Jungen mit einer Nummer um den Hals und mit schräger Kleidung. Jonas denkt an ein kariertes Hemd und eine Lederhose, denn er hat den Call-Boy mit dem Cowboy verwechselt.

Lena kommt als Pipi, aber sie unterliegt einem Rechtschreibproblem, denn sie meint Pippi Langstrumpf. Leider hat sie sich ihre Namensbezeichnung schon mit einem Stoffmalstift auf das T-Shirt geschrieben. So läuft sie nun als Pipi rum. Es gibt Scheiche und Könige, Lumpen und Bettler, Stars und Sternchen. Allen gemein ist, dass sie essen und trinken wollen, tanzen und singen, lachen und Spaß haben.

Dummerweise muss auch ich mich verkleiden, denn sonst bin ich die Spaßbremse. Nonne kommt meistens ganz gut, aber darin kann ich mich schlecht bewegen. Sportskanone passt so gar nicht zu mir. Wegen meiner langen, roten und kräftigen Haare bleibt es dann doch meistens bei Pippi Langstrumpf. Aber wenigstens auf meinem Shirt ist der Name richtig geschrieben.

In der Harry-Potter-Phase ist die Verkleidung als Zauberer natürlich besonders gefragt. Wir nehmen die Welle auf, indem wir am Eingang nach dem Code-Wort fragen. Das nehmen einige Kinder übel, weil sie von zu Hause gelernt haben, dass man keine unanständigen Worte sagen darf.

Während der Veranstaltung legen immer mehr Kinder ihre Verkleidung mehr oder weniger ab, weil es ihnen darunter zu warm und zu unbequem wird. Und so sind wir alle ganz froh, wenn der Aschermittwoch endlich gekommen ist und wir alle mehr oder weniger wieder versuchen können, wir selbst zu sein. Ich bin dann gerne wieder die Magd des Herrn, allerdings nur, wenn der richtige Herr gemeint ist.

Vorlesedauer: 7 Minuten

Material: die Geschichte

MONATSTHEMA MÄRZ
Aschermittwoch und Passionszeit

Bereits erschienen in: Praxis Gemeindepädagogik, Zeitschrift für Evangelische Bildungsarbeit, 69. Jahrgang, Januar-März 2016.

Die mit dem Aschermittwoch beginnende Passionszeit hatte in Kindheit und Jugend der jetzt älteren Menschen eine große Bedeutung und wurde viel intensiver gelebt, als das heute vielfach der Fall ist. Dazu gibt es also bei unserer Zielgruppe vielfältige Erinnerungen, die ich mit meinem Impuls gerne wieder wecken möchte.

EIGENE ANNÄHERUNG AN DAS THEMA

Wie gestalten Sie selbst die Passionszeit in Ihrer Familie? Welche Erfahrungen haben Sie mit dem Fasten? Wie sieht Ihre Kirche in der Passionszeit aus? Gibt es Passionsandachten, zu denen Sie einladen könnten?

ERZÄHLIMPULS

Meine Idee gehört zu den Kommunikationsspielen, die sich in der Arbeit mit älteren Menschen vielfach bewährt haben. Ich rate aber davon ab, es »Spiel« zu nennen, weil diese Bezeichnung manchmal bei den älteren Menschen zu Vorbehalten führt. Außerdem wird man damit dem Ziel des Austausches und der Erinnerung nicht gerecht.
Als Methode schlage ich dazu also einen Erzählimpuls vor, bei dem selber gestaltete Karten zum Einsatz kommen. Auf der einen Seite der Karten sind Bilder, die in den themati-

schen Zusammenhang passen, auf der anderen Seite stehen Fragen, die dazu in der Runde beantwortet werden sollen. Meistens beginnen die Fragen mit einer kleinen Information zur Passionszeit und den darin vorkommenden Bräuchen, die dann in die Frage münden. Einige Fragen sind tiefer gehend, andere fragen nach eigenen Vorlieben oder Ansichten. Bilder können Sie entweder selber aufnehmen oder im Internet finden. Gut eignen sich hier zum Beispiel Bilder von Passionsaltären oder auch verschiedenen Kirchen und deren Ausstattungsstücken. Eine schöne Idee ist es auch, die eigene Kirche mit ihren Ausstattungsstücken zu fotografieren und diese Bilder für den Erzählimpuls zu nutzen. Bei dem Foto, das Ihnen diese Idee veranschaulichen soll, habe ich meine Heimatkirche, die St.-Ulrichs-Kirche in Rastede genutzt.
Als Format hat sich DIN A6 bewährt, denn dann kann die Schrift groß genug gewählt werden, damit auch Menschen mit Beeinträchtigungen des Sehvermögens die Fragen noch selbstständig lesen können.
Die Karten liegen mit der Bildseite nach oben auf dem Tisch, um den sich eine Gruppe von fünf bis sechs Teilnehmenden versammelt hat. Vielleicht beginnt der älteste Teilnehmende oder derjenige, der am nächsten an Aschermittwoch Geburtstag hat. Dieser Teilnehmende wählt eine Karte, liest die Frage auf der Rückseite vor und erzählt dazu. Wenn er oder sie dazu alles gesagt hat, dann kann die Frage noch an die Runde gegeben werden. Dann nimmt der nächste Teilnehmende im Uhrzeigersinn eine neue Karte auf, liest vor und erzählt dazu. Sollte jemand die Frage in dieser Runde oder zu diesem Zeitpunkt nicht beantworten mögen, kann die Karte selbstverständlich ohne Kommentar zurückgelegt werden.

Wenn alle Karten verbraucht sind, dann ist der Impuls ausgeschöpft.
Erfahrungsgemäß benötigt man etwa doppelt so viele Fragekarten, wie es Teilnehmende sind.
Wenn Sie den Impuls besonders schön gestalten wollen, können Sie die fertiggestellten Karten noch einlaminieren. Dann sind sie haltbarer und zur Not auch abwaschbar. Zur Aufbewahrung eignet sich eine entsprechend gestaltete Box. Kleben Sie die Anleitung in den Deckel, dann kann der Impuls auch von anderen ohne Probleme genutzt werden, wenn Sie das Material einmal weitergeben wollen.
Bevor Sie den Impuls nutzen, sollten Sie sich sorgfältig überlegen, welche Fragen Sie Ihren Teilnehmenden zumu-

ten können. Die Auswahl sollte sich danach richten, wie offen die Menschen, die zu Ihnen kommen, miteinander umgehen und wie viel Vertrauen in der Runde zu erwarten ist.

Hier nun mein Vorschlag für die Fragen:

- *Mit dem Aschermittwoch endet die Karnevalszeit. Welches Verhältnis haben Sie zum Karneval?*
- *Das Wort Karneval, den wir ja am Aschermittwoch verabschieden, kommt aus der lateinischen Sprache und bedeutet so viel wie »dem Fleisch Lebewohl sagen«. Können Sie gut auf Fleisch verzichten?*
- *Ab Aschermittwoch beginnt eine 40-tägige Fastenzeit, in der sich die Christen auf Ostern vorbereiten. Worauf könnten Sie leicht verzichten?*
- *Die 40 ist in der Bibel immer auch eine symbolische Zahl. Sie erinnert an die 40 Tage Jesu in der Wüste, an die 40 Jahre, die das Volk Israel bis zum Erreichen des Gelobten Landes brauchte. Zu welcher Zahl haben Sie ein besonderes Verhältnis?*
- *Wenn Sie einmal 40 Tage ganz anders leben sollten als üblicherweise, was würden Sie in diesen 40 Tagen anders machen, wo und wie würden Sie in der Zeit leben wollen?*
- *In der Fastenzeit sollen wir auf bestimmte Gewohnheiten verzichten. Die Aktion »7 Wochen ohne« lädt dazu ein, sich etwas zu wählen, auf das man verzichten möchte. Worauf könnten Sie nur schwer verzichten?*
- *Die Aktion »7 Wochen ohne« hat in jedem Jahr ein an-*

deres Motto. Es gab schon 7 Wochen ohne Geiz, ohne Runtermachen, ohne falschen Ehrgeiz, ohne Vorsicht. Welches Motto würden Sie gerne einmal hören?

- *Im Jahr 2016 hieß das Motto für die Fastenaktion »7 Wochen ohne« »Großes Herz – sieben Wochen ohne Enge«. Wofür haben Sie ein großes Herz?*
- *Bei der Fastenaktion 2016 wird der Vorschlag gemacht, ein offenes Herz und Haus zu haben und einfach mal jemanden einzuladen, den man gar nicht kennt. Könnten Sie sich das für sich vorstellen?*
- *Margot Käßmann hat im Jahr 2015 von 7 Wochen ohne Mäkeln gesprochen. Worüber wird Ihrer Meinung nach zu viel gemäkelt?*
- *An jedem Sonntag in der Fastenzeit wird auf das Fasten verzichtet, weil jeder Sonntag ein kleines Osterfest ist. Wie würden Sie so ein Fastenbrechen gestalten?*
- *Seit der Spätantike mussten die Christen, die mit der Kirchenbuße belegt waren, ein Bußgewand anziehen und wurden mit Asche bestreut. Wer müsste Ihrer Meinung nach in unseren Tagen ein Bußgewand anziehen? Und warum?*
- *Mit dem Aschekreuz sollen die Menschen an ihre Vergänglichkeit erinnert werden und zur Umkehr aufgerufen werden. Wo würden Sie heute eine Umkehr unserer Gesellschaft fordern wollen?*
- *In der Liturgie des Aschermittwochs werden die Menschen dazu aufgerufen, sich mit Fasten, Weinen und Klagen zu Gott zu bekennen. Worüber würden Sie heute klagen wollen?*

- *Die liturgische Farbe des Aschermittwochs ist violett. Wie sieht der Altarbehang in dieser Zeit in Ihrer Kirche aus?*

- *In der Karwoche, besonders am Karfreitag, gab es früher keine Tanzveranstaltungen oder Ähnliches. Dieses Verbot wird heute immer mehr gelockert. Wie bewerten Sie diese Entwicklung?*

- *Am Gründonnerstag wird traditionell etwas Grünes gegessen, obwohl der Name des Feiertages eigentlich vom Wort »Greinen«, also Weinen und Klagen kommt. Was essen Sie am Gründonnerstag?*

- *Am Karfreitag wird Fisch gegessen, die Fastenspeise schlechthin. Wie essen Sie den Fisch gerne?*

- *Dass am Karfreitag (und an anderen Freitagen) Fisch gegessen wird, hat auch mit dem Fischzeichen zu tun, das die ersten Christen nutzten, um sich heimlich zu verabreden. Das griechische Wort für Fisch lautet I Ch Th Y S und dahinter verbirgt sich das kurze Glaubensbekenntnis »Jesus Christus, Gottes Sohn, Retter«. Mit welchen fünf Worten könnten Sie Ihren Glauben beschreiben?*

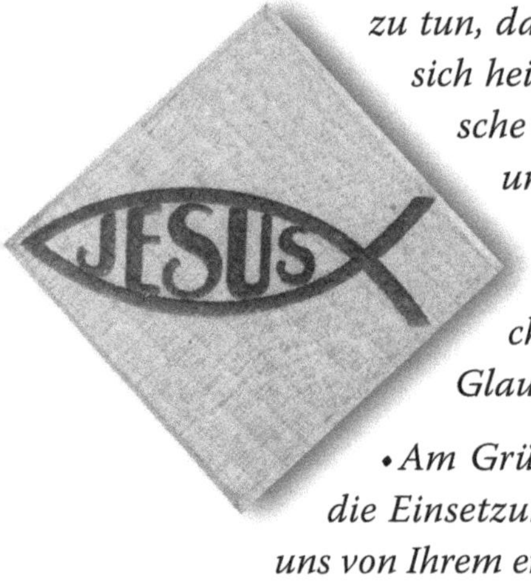

- *Am Gründonnerstag erinnern wir uns an die Einsetzung des Abendmahls. Erzählen Sie uns von Ihrem ersten Abendmahl.*

- *Am Karfreitag richten einige Fernsehsender das Programm an diesem Feiertag aus. Was würden Sie am Karfreitag senden, wenn Sie für das Programm verantwortlich wären?*

- *Das Wort »Karfreitag« rührt von dem althochdeutschen Wort »Kara« her, was Kummer und Sorge bedeutet. Was bereitet Ihnen Kummer und Sorge?*
- *Die Karwoche war besonders früher eine stille Woche. Wie gut können Sie mit Stille umgehen?*
- *Zur Passionszeit haben viele Komponisten Passionsmusiken geschrieben. Welche davon mögen Sie gerne?*
- *Passionszeit heißt übersetzt Leidenszeit. Welches Leiden von Menschen heute geht Ihnen besonders zu Herzen?*
- *Früher mussten die Konfirmanden die Sonntage der Passionszeit auswendig hersagen können. Welche dieser Sonntage kennen Sie noch?*
- *Der Merksatz für die Sonntage der Passionszeit heißt: »In rechter Ordnung lerne Jesu Passion!« Welche von solchen Merksätzen, die der Erinnerung hilfreich sind, kennen Sie noch?*
- *Der letzte Sonntag vor Ostern ist der Palmsonntag, an dem wir daran denken, dass Jesus bei seinem Einzug in Jerusalem Palmzweige auf seinen Weg gelegt wurden, um ihn zu ehren. Welchen Menschen heute würden Sie für seine Arbeit oder sein Engagement ehren?*
- *In manchen Kirchen gibt es in der Passionszeit Fastentücher, die den Altarraum verbergen. Sie werden auch Schmachtlappen oder Hungertuch genannt. Mussten Sie in Ihrem Leben Hunger leiden?*
- *Ein Symbol der Passionszeit ist die Dornenkrone, die Jesus am Karfreitag tragen musste. Was ist Ihnen heute ein Dorn im Auge?*

- *Als Text für den Gründonnerstag kann auch die Geschichte von der Fußwaschung Jesu gelesen werden. Der Papst in Rom wäscht an diesem Tag Menschen die Füße, die auf der Schattenseite des Lebens stehen. Welchen Menschen würden Sie die Füße in diesem Zusammenhang symbolisch waschen wollen?*
- *Bei seinem Gebet im Garten Gethsemane schlafen Jesu Freunde, die doch mit ihm wachen sollten, immer wieder ein. Erzählen Sie von einer Enttäuschung, die Sie einmal erlebt haben.*
- *Bei den Kreuzwegandachten, die vor allem unsere katholischen Schwestern und Brüder feiern, wird der einzelnen Stationen von Jesu Leidensweg gedacht. Daraus entstanden dann auch Wallfahrtswege und Wallfahrtskirchen. Erzählen Sie von einem besonderen Weg, den Sie einmal gegangen sind.*
- *In München ist die Fastenzeit die Zeit des Starkbieres, das in dieser Zeit ausgeschenkt wird. Welches Bier trinken Sie gerne?*
- *Von Gründonnerstag bis zum Ostermorgen schweigen mancherorts die Kirchenglocken. Erzählen Sie von einem schönen Glockengeläut, auf das Sie nicht verzichten möchten.*
- *In der Passionszeit machen sich viele Pilger auf den Weg nach Jerusalem, um dort den Leidensweg Jesus zu gehen. Haben Sie schon einmal eine Pilgerreise gemacht oder könnten Sie sich das vorstellen?*
- *Hape Kerkeling erzählt in seinem Buch »Ich bin dann mal weg« von seinem Pilgerweg nach Santiago de Com-*

postela. Erzählen Sie von einer besonderen Reise, die Sie einmal gemacht haben.

- *In der Ostkirche gibt es in der Osternacht ein besonderes Gebäck, den Kulitsch. Er erinnert in seiner Form an den Hügel Golgatha, auf dem Jesus gekreuzigt wurde. In ihm ist eine Nuss versteckt, die demjenigen, der sie findet, einen Wunsch freigibt. Erzählen Sie uns von einem Wunsch, den Sie haben.*

Dauer: mindestens 60 Minuten

Material: die Karten mit den Fragen (CD-ROM) auf der Rückseite

ZUM ANSCHAUEN

PASSIONSALTÄRE

Suchen Sie sich im Internet Bilder von Passionsaltären, die Sie ausdrucken und in der Gruppe betrachten. Schön ist es auch, das Passionsbild der eigenen Kirche gemeinsam etwas genauer zu betrachten. Vielleicht gibt es einen Kunstgeschichtler, der Sie dabei unterstützen könnte.

Dauer: je nach Auswahl der Bilder

Material: Bilder von Passionsaltären und eine Möglichkeit der Projektion

MONATSTHEMA APRIL
Pleiten, Pech und Pannen

In dieser Einheit soll es nicht um solche Pannen gehen, die Menschen ernsthaft geschadet haben, vielmehr sind die kleinen Missgeschicke gemeint, über die man nach der Schrecksekunde herzhaft lachen kann und von denen es in jedem Leben sicherlich viele gibt. Laden Sie also zum Erzählen von solchen Begebenheiten ein. Als Erzählanlass können Sie die Geschichte nehmen, die mir vor kurzem selbst passiert ist und die nicht ganz unschuldig an der Idee ist, dieses Thema zu wählen.

EIGENE ANNÄHERUNG AN DAS THEMA

Von welchen Pleiten oder Pannen könnten Sie selbst erzählen? An welche Aprilscherze erinnern Sie sich noch gut? Gibt es in Ihrem Ort Bräuche, die in diesen thematischen Zusammenhang passen? An welche Scherzfragen können Sie sich erinnern? Mögen Sie es, in den April geschickt zu werden? Oder ärgert Sie das eher?

ZUM VORLESEN

DER ROCK

Montags sitze ich meist ein paar Stunden in meinem Büro, um dort zu arbeiten. So auch an diesem Montag. Für die Mittagsstunde hatte ich mich mit einem Freund verabredet.

Wir wollten zusammen essen und miteinander plaudern. Danach hatte ich noch einen Termin in einem Seniorenkreis, der sich schon auf mich freute. Auf dem Weg zu dem Freund schien die Sonne, ich war guter Dinge und freute mich auf die Pause. Behängt mit meinem Laptop und der Handtasche nahm ich mit Schwung die Stufen zu seiner Wohnung. Dabei stolperte ich auf der Treppe und trat mir dabei selbst auf den Rock. Mit einem lauten »Ratsch« riss ich ein großes Stück Stoff heraus und hatte statt eines eleganten längeren Rockes nun einen abgerissenen Minirock. Zumindest vorne war es ein Minirock. Hinten war er noch immer lang und elegant. Weh getan hatte ich mir beim Stolpern nicht, aber wie sah der Rock nun aus? Ich würde keine Zeit mehr haben, nach Hause zu fahren und mich umzuziehen. Eine Sicherheitsnadel würde nicht helfen, dazu war der Schaden zu groß. Und eine Hose von dem Freund anzuziehen, das hätte gar zu blöd ausgesehen. In meinem Auto liegt ja viel herum, aber kein Ersatzrock.

Also entschloss ich mich, das Programm im Seniorenkreis damit zu beginnen, von meinem Erlebnis zu erzählen.

Als ich den Raum betrat, schauten mich einige doch sehr merkwürdig an. So abgerissen kannten sie mich nicht und bestimmt bin ich ein bisschen rot geworden. Als ich dann aber mit dem Erzählen begann, war das Gelächter groß. Sie haben mich nicht etwa ausgelacht, sondern erinnerten sich an eigene, ähnliche Erlebnisse. Das war ein munterer Austausch über abgerissene Knöpfe, defekte Reißverschlüsse, Kaffeeflecken und abgebrochene Absätze.

Ich hatte richtige Mühe damit, zum eigentlich geplanten Programm zu kommen.

Ich bin sicher, die älteren Menschen fangen nach der Geschichte gleich mit dem Erzählen an.

Vorlesedauer: 6 Minuten, planen Sie aber Zeit für Erinnerungen und Gespräche ein

Material: die Geschichte

ZUM ANSCHAUEN

YOUTUBE

Auf der Internetseite Youtube gibt es kleine Videos, auf denen Pannen zu sehen sind. Ich würde aber davon abraten, sie ungeprüft zu nutzen, weil es vielfach solche Pannen sind, bei denen sich Menschen oder Tiere böse verletzt und weh getan haben. Wenn Sie diese Internetmöglichkeit dennoch nutzen wollen, schauen Sie unbedingt vorher die Filme an, um eine Auswahl zu treffen.

Dauer: je nach Auswahl der Videos

Material: Laptop und Beamer, Internetzugang, Leinwand oder andere Projektionsfläche

SAMMELAUFGABE

PPP

Lassen Sie die Gruppe kleine Sätze bilden, bei denen jedes Wort mit demselben Buchstaben beginnt.

- *Milch macht müde Männer munter.*
- *Onkel Otto ordert ordentliche Omletts.*
- *Elf Enkel ernten eigene Erdbeeren.*

Um diese Aufgabe noch ein wenig spannender zu machen, können Sie die gängigen Buchstaben des ABCs (also ohne C, Q, X, Y und Z) auf Kärtchen schreiben und die Teilnehmenden einen Buchstaben ziehen lassen. Zu dem gezogenen Buchstaben soll dann z.B. folgender bekannter Zungenbrechersatz gebildet werden:

Fischers Fritze fischt frische Fische

Gewiss kennen die Teilnehmenden noch weitere. Hier ist eine kleine Auswahl als Anregung: *https://de.wikiquote.org/wiki/Zungenbrecher*

Dauer: 15 Minuten

Material: Flipchart zum Mitschreiben, dicker Stift

AUSTAUSCH UND HUMOR

ENTSCHULDIGUNGEN

Manche Panne macht eine Entschuldigung nötig. Hier sind einige witzige Entschuldigungen, die ich auf diversen Internetseiten gefunden habe:

- *Die Straßenbahn hat sich verfahren, deshalb komme ich zu spät.*
- *Meine Mutter dachte, ich sei schon aus dem Haus gegangen und hat mich eingeschlossen. Ich konnte nicht raus.*
- *Meine Tochter konnte nicht zur Schule kommen. Ihre Unterwäsche war noch nicht trocken.*
- *Mein Sohn konnte nicht zur Schule kommen, weil er unsere Schildkröte suchen musste.*

- *Ich wollte heute besonders früh bei der Arbeit sein, dann bin ich wegen überhöhter Geschwindigkeit gestoppt worden und musste mit zur Wache.*
- *Mein Wecker hat geklingelt, als ich noch geschlafen habe.*
- *Wegen des ersten Schnees hatte die U-Bahn Verspätung.*
- *Im Aufzug stand »Nur für 5 Personen« und ich konnte keine 4 anderen Leute finden, die auch nach oben wollten.*
- *Ich konnte nicht kommen, weil die Haustür zugeschneit war. (Abgegeben im JULI!)*
- *Ich konnte noch nicht frühstücken. Mein Toaster hat geklemmt.*

Laden Sie dazu ein, von eigenen Erinnerungen an Entschuldigungen zu erzählen.

Dauer: 15 Minuten

Material: keines (Sammlung der Beispiele auf CD-ROM)

SCHERZFRAGEN UND SCHABERNAK

Zum April gehört es, einander in den April zu schicken. Das geschieht auf unterschiedliche Art und Weise. Scherzfragen und Schabernack erinnern die älteren Menschen zudem daran, wie man einander früher auf die Probe gestellt hat. Hier einige der Scherzfragen, die der Erinnerung auf die Sprünge helfen:

- *Was sagt der große Stift zum kleinen Stift?*
  Wachs – mal – Stift
- *Welcher Tag ist der gefährlichste Tag für U-Boot-Fahrer?*
  Der Tag der offenen Tür.
- *Was hat keine Füße und läuft trotzdem?*
  Die Nase
- *Was ist beim Kamel klein und bei der Maus groß?*
  Das M
- *Was setzt der Gärtner als Erstes in seinen Garten?*
  Seinen Fuß
- *Ein Mann geht ohne Regenschirm in den Regen, seine Haare werden aber nicht nass. Wie kann das angehen?*
  Er hat eine Glatze.
- *In welche Gläser sollte man keinen Wein gießen?*
  In volle Gläser
- *Welcher Peter macht den meisten Krach?*
  Der Trompeter
- *Was ist sieben Mal sieben?*
  Feiner Sand
- *Wer führt ein aufreibendes Leben?*
  Der Radiergummi
- *Was lieben Katzen genau so wie Schwimmer?*
  Das Kraulen
- *Was bleibt in der Ecke und reist doch um die Welt?*
  Die Briefmarke
- *Welcher Baum braucht keine Wurzeln?*
  Der Purzelbaum

- *Welches Gemüse ist am witzigsten?*
  Die Kichererbsen
- *Wie heißt das Reh mit Vornamen?*
  Kartoffelpü
- *Wo kommt Weihnachten nach Silvester?*
  Im Wörterbuch
- *Was ist das Gegenteil von Reformhaus?*
  Reh hinterm Haus

Diese Internetseiten haben mir beim Suchen sehr geholfen: http://www.raetseldino.de/scherzfragen-kinder.html und http://www.aberwitzig.com/scherzfragen.htm

Dauer: 15 Minuten

Material: die Scherzfragen mit den Antworten (CD-ROM)

THEMENMONAT MAI
Quiz

Immer wieder mache ich die Beobachtung, dass Rätsel und Quiz vielen älteren Menschen viel Freude bereiten. Es soll aber nicht nur um Wissensabfrage gehen, sondern auch das Gespräch Raum finden. Außerdem ist es beim Gedächtnistraining für ältere Menschen so, dass Leistungsdruck und Konkurrenzkampf die Gedächtnisleistung eher verschlechtern. Ich rate also dazu, eine eher humorvolle Atmosphäre zu schaffen und nicht zu sehr den Wettbewerb zu betonen. Vielleicht ist es schöner, wenn die Teilnehmenden in kleinen Gruppen als Team zusammen raten.
Auch von Preisen rate ich eher ab, weil dann diejenigen, die nichts bekommen, frustriert sind. Gewinn genug sind der gemeinsame Spaß und die Unterhaltung.

EIGENE ANNÄHERUNG AN DAS THEMA

Was mögen Sie im Mai gerne unternehmen? Zu welchen der Rubriken können Sie eigenes Wissen und eigene Erfahrungen beitragen? Wie gerne übernehmen Sie die Rolle des Quizmasters? Wie gut kann Ihre Gruppe damit umgehen, etwas nicht zu wissen?

MAJESTÄTISCHES QUIZ

So nenne ich das Spiel, zu dem Sie an die Tafel oder auf ein großes Papier ein Gitter aufzeichnen, das folgende Rubriken enthält:

Namen	**Daten**	**A-Z**	**Flora**	**Musik**	**Tiere**	**Erd-kunde**
1	1	1	1	1	1	1
2	2	2	2	2	2	2
3	3	3	3	3	3	3
4	4	4	4	4	4	4
5	5	5	5	5	5	5
6	6	6	6	6	6	6

Die Teilnehmenden wählen eine Rubrik und eine Zahl. Streichen Sie das jeweils gewählte Kästchen immer gleich durch, damit alle sehen können, welche Fragen noch offen sind.

Vergeben Sie für jede richtig gegebene Antwort 10 Punkte und zählen Sie die Punkte auf einem gesonderten Blatt zusammen. Ganz auf die Punktevergabe zu verzichten ist meines Erachtens eher nicht anzuraten, weil es dann auch langweilig werden kann. Auf die Rechtschreibung kommt es bei den Antworten z. B. unter der Rubrik »Namen« nicht so genau an.

Zu jeder Rubrik gibt es nun also 6 Fragen, die ich Ihnen hier samt den richtigen Antworten aufschreibe. Halten Sie trotzdem ein Lexikon bereit, um ggf. Streitfragen gleich klären zu können.

Namen

1. *Wer spielt den Oberst Bökl in den Sissi-Filmen?*
   Josef Meinrad
2. *Welche Schauspielerin kennen Sie aus den »Unverbesserlichen«?*
   Inge Meisel
3. *Welcher deutsche Liedermacher schwebt »Über den Wolken«?*
   Reinhard Mey
4. *Wie heißt eine große Werft in Papenburg?*
   Meyer
5. *Wie heißt der Landwirtschaftsminister mit Vornamen?*
   Christian Meyer
6. *Was war früher ein Meier?*
   Verwaltungsbeamter

Daten

1. *An was erinnern wir uns am 8. Mai?*
   Ende des Zweiten Weltkrieges
2. *Was feiern wir am 1. Mai?*
   Tag der Arbeit
3. *Was feiern wir am 2. Sonntag im Mai?*
   Muttertag
4. *Welcher Tag im Mai ist Tag des Grundgesetzes?*
   23. Mai
5. *In einem Lied wird für einen Tag im Mai der Weltuntergang besungen – wann soll der sein?*
   30. Mai

6. *Wann ist der letzte Tag der Eisheiligen?*
   15. Mai

A-Z

1. *Wie heißen die Eisheiligen?*
   Pankratius, Mamertus, Servatius, Bonifatius, Kalte Sophie
2. *Woher hat der Mai seinen Namen?*
   Römische Göttin Maia
3. *Wie viele Tage hat der Mai?*
   31
4. *Wie heißt der Mai seit dem 8. Jahrhundert noch?*
   Wonnemonat
5. *Wie viele Tage des Jahres sind am 1. Mai bereits vergangen?*
   121
6. *Welche Bäume dienen meist als Maibäume?*
   Birken

Flora

1. *Zu welchen Blumen gehören die Schlüsselblumen?*
   Primeln
2. *Wie heißt der rote Mohn, der im Mai blüht?*
   Klatschmohn
3. *Welche Blume heißt auf lateinisch Confalaria Maialis?*
   Maiglöckchen

4. *Welche Farben kann Vergissmeinnicht haben?*
   blau, rot, gelb, weiß
5. *Was für ein Herz blüht im Mai?*
   Tränendes Herz
6. *Welche Blume im Mai hat ein christliches Fest im Namen?*
   Pfingstrose

Musik

1. *Wie geht es weiter? »Frühling lässt sein …*
   … blaues Band«
2. *Wie geht es weiter? »Komm, lieber Mai und mache …*
   … die Bäume wieder grün«
3. *Wie geht es weiter? »Der Mai ist …*
   … gekommen«
4. *Wie geht es weiter? »Der Winter ist vergangen, …*
   … ich seh des Maien Schein«
5. *Wie geht es weiter? »Alles neu macht der Mai, macht …*
   … die Seele frisch und frei«
6. *Wie geht es weiter? »Grüß Gott, du lieber Maien …*
   … da bist du wiedrum hier«

Die erratenen Lieder aus der Rubrik Musik sollten auch gesungen werden. Wahrscheinlich wird es so sein, dass die Teilnehmenden sie schon von allein anstimmen.

Tiere

1. *Neun Tage jagen, neun Wochen tragen, neun Tage blind …*
   … sind Hund und Katzes Kind

2. *Welche drei Maikäferarten kennen Sie?*
   Schornsteinfeger, Müller, Kaiser
3. *In welchem literarischen Werk kommen Maikäfer vor?*
   5. Streich Max und Moritz
4. *Welcher Plattfisch hat den Monat im Namen?*
   Maischolle
5. *Welchen Vogel gibt es als Blau und als Kohl?*
   Meise
6. *Sie kommen meist schon im März, machen aber noch keinen Sommer?*
   Schwalben

Erdkunde

1. *Wie heißt die italienische Hauptstadt der Mode?*
   Mailand
2. *Wie heißt die Blumeninsel im Bodensee?*
   Mainau
3. *Wie heißt ein Nebenfluss des Rheins?*
   Main
4. *Wie heißt die Landeshauptstadt von Rheinland-Pfalz?*
   Mainz
5. *Wie heißt eine berühmte Porzellanstadt in Sachsen?*
   Meißen
6. *Wie heißt ein Bundesstaat der Vereinigten Staaten?*
   Maine

Preisfrage

Stellen Sie diese Frage, wenn es einen Punktegleichstand gibt, oder wählen Sie sie als Einstiegsfrage:

- *Was haben Audrey Hepburn, Karl Marx, John F. Kennedy und Florence Nightingale gemeinsam?*
  Sie haben alle im Mai Geburtstag.

Geben Sie das Ergebnis nicht zu früh bekannt, es tut den grauen Zellen gut, sich etwas anzustrengen.
Die Internetseite *http://geboren.am/Mai* nennt noch weitere Geburtstagskinder und Kuriositäten des Mai. Natürlich finden Sie auch zu den anderen Monaten interessante Angaben, wenn Sie den von Ihnen gesuchten Monat eingeben.

Dauer: 60 Minuten

Material: ein Flipchart zum Aufschreiben oder die Tabelle (CD-ROM) der Kategorien, die Liste der Fragen (CD-ROM), Kreide oder ein dicker Stift, ggf. pro Tisch einen Zettel zum Notieren der Punkte, die das Team erreicht hat.

THEMENMONAT JUNI
Rosen

Die Rose ist die Königin der Blumen. Viele Menschen nennen sie, wenn nach der eigenen Lieblingsblume gefragt wird. Es gibt unzählige alte und neue Arten, die in unseren Gärten und Parks zu finden sind.

EIGENE ANNÄHERUNG AN DAS THEMA

Wie gut kennen Sie sich selbst mit Rosen aus? Kennen Sie einen Gärtner oder gar Rosenzüchter, den Sie einladen könnten? Haben Sie gute Kontakte zu Floristen, die Ihnen behilflich sein könnten? Können Sie Kataloge von einem Gartencenter besorgen, um Bildmaterial zur Hand zu haben?

ERZÄHLIMPULS

ROSENSPIEL – SCHÖNE BILDER VON ROSEN FORDERN ZUM RATEN UND ERZÄHLEN AUF

Material:
Für die Spielkarten braucht man weiße Pappen in DIN A6, die man zum Beispiel aus Gartenzeitschriften mit Rosenmotiven verziert. Man kann auch gleich Rosenpostkarten nehmen, die es oft als Sortiment gleich zu 30 Stück zu kaufen gibt. Auf der Rückseite dieser Karten stehen dann die

Aufgaben oder Fragen für die Spielerinnen und Spieler. Die Motive sind gut sichtbar, die Aufgaben jeweils verdeckt auf der Rückseite.

Zahl der Spieler:

Mitspielen können bis zu fünf oder sechs Leute, die um einen Tisch versammelt sitzen sollten. Das Spiel ist aber auch als Einzelbeschäftigung gut geeignet, vor allem dann, wenn man es auf das Betrachten der schönen Bilder reduziert und darauf, von eigenen Blumen zu erzählen und sich zu erinnern.

Spielerklärung:

Als Einstieg scheint die Frage sinnvoll, wer früher einen Garten hatte, wer darin Rosen pflanzte, welches die eigenen Lieblingsblumen sind usw. Erst dann kommt man zur eigentlichen Spielidee, dem Rosenspiel. Die Karten liegen mit der Bildseite nach oben auf dem Tisch. Bei noch sehr regen Teilnehmenden oder je nach Interesse der Spielgruppe sollte man überlegen, ob es nicht besser wäre, nur jeweils eine Karte auszulegen, weil die Vielzahl von schönen Bildern eine Reizüberflutung darstellen kann. Auf den Rückseiten stehen Fragen rund um das Thema »Rosen«. Wenn das Bild betrachtet und vielleicht dazu erzählt wurde, wird die Karte umgedreht und die Frage vorgelesen. Die Gruppe kann gemeinsam antworten oder nur derjenige versucht eine Antwort, der gerade an der Reihe ist. Ist die Aufgabe gelöst und möchte niemand mehr etwas zu diesem Bereich sagen, ist der nächste mit der nächsten Karte an der Reihe. Hier nun die möglichen Fragen für das Spiel:

1. *Wie heißt die Rose, die im ersten Teil ihres Namens so heißt wie ein christliches Fest?*
2. *Wie heißt ein berühmter Roman von Umberto Eco, der in einem mittelalterlichen Kloster spielt?*
3. *Welche Worte fallen Ihnen ein, die mit ...rose enden? Zum Beispiel Seerose. Suchen Sie mindestens 3 weitere!*
4. *Wie hieß das ziemlich klapprige Pferd von Don Quijote?*
5. *Wie heißen getrocknete Weinbeeren, Korinthen oder Sultaninen noch?*
6. *Es gibt Blumen, die man auch essen kann. Kann man auch Rosenblätter essen?*
7. *Wie heißt der Volksschriftsteller aus der Steiermark, der für seine Landschaftsbeschreibungen und Erzählungen aus der Kindheit bekannt ist?*
8. *Was meinen Sie, kommen Rosen in der Bibel vor?*
9. *In welchem Märchen kommt eine Rose vor?*
10. *Welche Krankheiten haben das Wort »Rose« in ihrem Namen?*
11. *In Selb in Bayern wird schönes Porzellan hergestellt. Wie heißt die Firma?*
12. *Wie viel Kilo Rosenblüten braucht man wohl für ein Kilo Rosenöl?*
13. *Was ist auf dem Wappen unseres großen Reformators?*
14. *Welches Wintergemüse wird auch Brüsseler Kohl oder Sprossenkohl genannt?*
15. *Wie hieß der Quizmaster, der den Ausspruch prägte: »Sie sind der Meinung, das war Spitze?«*

16. *Wie heißt ein berühmter Film mit Marianne Sägebrecht?*

17. *Wie nennt man eine besondere Gebetskette, die vorwiegend in der katholischen Kirche bekannt ist?*

18. *Wie heißt ein besonderer Feiertag in der Hauptsaison des Karnevals und was geschieht da immer?*

19. *Wer komponierte die Oper »Der Rosenkavalier«?*

20. *Was reimt sich alles auf Rose? Finden Sie mindestens 4 Wörter.*

21. *Es gibt eine Rose, die viele Jahre völlig vertrocknet herumliegen kann und doch beim Kontakt mit Wasser auf einmal wieder aufblüht. Wie heißt sie?*

22. *Was schätzen Sie, kostet ein Kilo Rosenöl? 5.000 Euro – 500 Euro – 50 Euro?*

23. *Welchen Bestandteil von Rosen kann man zur Gewinnung von Parfüm benutzen?*

24. *Wie nennt man die Früchte von wilden Rosen und was kann man damit machen?*

25. *Nennen Sie mindesten 4 Rosenarten!*

26. *Wofür sind rote Rosen das Symbol?*

27. *Wie nennt man solche Rosen, die sich überall hochranken?*

28. *Im Christentum ist die Rose besonders in der katholischen Kirche ein Sinnbild. Für was ist sie ein Sinnbild?*

29. *Kennen Sie noch einen Vers fürs Poesiealbum, in dem Rosen vorkommen? Wie lautet er?*

30. *In welchem bekannten Lied kommen Rosen vor? Mögen Sie es anstimmen?*

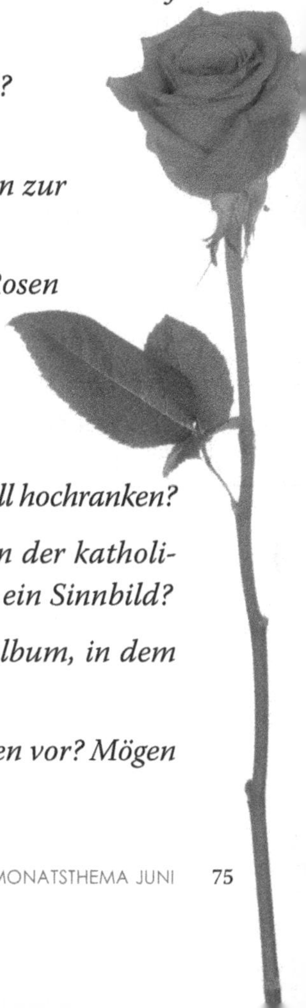

Sicherlich wäre es sehr schön, am Ende einer solchen Gesprächsrunde allen Teilnehmerinnen und Teilnehmern eine Rose zu schenken. Wenn Sie einem Blumenhändler Ihr Vorhaben erläutern, wird er sicherlich für ein besonders günstiges oder gar kostenloses Angebot sorgen. Ich jedenfalls habe diese Erfahrung viele Male machen dürfen. Als Hilfe für die Spielleitung hier die Lösungen zu den Fragen, ebenfalls nach Nummern geordnet:

Lösungen:

1. *Pfingstrose*
2. *Der Name der Rose*
3. *Kletterrose, Gürtelrose, Seerose*
4. *Rosinante*

5. *Rosinen*
6. *Ja*
7. *Peter Rosegger*
8. *Ja, bei Jesus Sirach*
9. *Dornröschen*
10. *Gürtelrose, Wundrose, Leberzirrhose*
11. *Rosenthal*
12. *5000 kg Blüten für ein Kilo Öl*
13. *Rose – Lutherrose*
14. *Rosenkohl*
15. *Hans Rosenthal*
16. *Out of Rosenheim*
17. *Rosenkranz*
18. *Rosenmontag – Umzüge mit geschmückten Wagen*
19. *Richard Strauß*
20. *Dose, Pose, Hose, Lose, tose*
21. *Rose von Jericho*
22. *5.000 Euro*
23. *Rosenblätter*
24. *Hagebutten-Gelees*
25. *Kletter-, Moos-, Stamm-, Polyantharose ...*
26. *Liebe*
27. *Kletterrosen*

28. Maria

29. Rosen, Tulpen, Nelken, alle Blumen welken ...

30. Sah ein Knab' ein Röslein stehn

Dauer: 45 Minuten

Material: Rosenbilder mit den Fragen (CD-ROM) auf der Rückseite

Alternative:

Das Spiel lässt sich leicht abwandeln. Man kann in Antiquariaten stöbern und nach Karten zu bestimmten Themen suchen, aus denen man dann Spiele herstellt. In Lexika findet man Anregungen für Fragestellungen, die wie in diesem Spiel auch ruhig etwas »um die Ecke gedacht« sein können. Ich kann mir auch gut vorstellen, dass die Bewohner von Station A so ein Spiel für Station B herstellen und umgekehrt. Ich kenne Postkartenbücher zu den Themen: Katzen, Hunde, Pferde, zu den Farben grün, gelb, rot und blau, zum Thema Wasser oder Wind, unter der Überschrift: »Zu zweit« oder zu vielen anderen Bereichen mehr. Es lohnt sich, mit offenen Augen an den Angebotstischen der Kaufhäuser oder Buchläden vorbei zu gehen. Die Idee für das Rosenspiel jedenfalls habe ich auch auf diese Weise bekommen. Ich hatte zuerst die schönen Karten und habe daraus das Spiel entwickelt, das inzwischen übrigens in diversen Gruppen erprobt und gerne gespielt wurde.

ROSEN FÜR DIE DIAKONIN

In meiner Anfangszeit als Diakonin hatte ich die verwegene Idee, alleine als Verantwortliche eine Jugendfreizeit nach Italien anzubieten. Italien war das Land meiner Träume. Ich hatte rudimentäre Sprachkenntnisse, aber genügend Selbstbewusstsein, dieses Wagnis einzugehen. 25 Eltern vertrauten mir ihre Mädchen und Jungen im Alter zwischen Fisch und Fleisch an und ich begann mit den Planungen. Bei den Waldensern fand ich eine Herberge, die gut und günstig war. Dort hätte ich notfalls auch Hilfe, wenn irgendetwas schiefgehen würde. Ich charterte ein Busunternehmen, buchte die Unterkunft und fuhr, aus jetziger Sicht völlig leichtsinnig, los. Das Wetter war schön, das Quartier akzeptabel und die Gruppe voller Dynamik. Nicht bedacht hatte ich, was so viele blonde Mägdelein bei der italienischen Dorfbevölkerung auslösen würden. Die Giannis und Tonis waren völlig aus dem Häuschen. Ich hatte Mühe, die Moral aufrechtzuerhalten.
Mit vier Hilfsbremsern – so nannte ich damals einigermaßen respektlos meine ehrenamtlichen Jugendlichen – planten und gestalteten wir Tag um Tag. Für die Gruppe war allerdings häufig die Nacht die spannendere Tageszeit. Während wir im Team unten im Besprechungszimmer dem nächsten Tag Gestalt geben wollten, fuhren die Vespas der Dorfjugend vor dem Haus vor. Frevelhaft schnitten sie im Garten des Pastors alle Rosen ab und warfen sie mit vollen Händen in die Zimmer der Mädels. Durch den dadurch entstandenen Lärm alarmiert, begab ich mich nach oben, wo die Mädchen in ihren Nachthemden mit einem glücklichen Grinsen im Gesicht aus dem Fenster schauten. Unten erklang »O sole mio!«, aber als

ich am Fenster erschien, vermischte sich der liebliche Gesang mit »Arriva la Rita!« und erreichte somit eine polylinguale Stufe. Die Empörung über das Geschehen verlieh meinen Italienischkenntnissen erstaunliche Qualitäten und mir fielen Vokabeln ein, von deren Existenz ich sonst nicht einmal eine Ahnung hatte.

Ich hielt eine flammende Rede aus dem Fenster, die die glückstaumelnden Italiener zu begossenen Pudeln machte. Die Mädels wurden ins Bett geschickt und ich traf mich unten mit den Papagalli zu einem Gespräch. Nicht einer wagte wegen der schrecklichen Fehler, die ich im Italienischen machte, auch nur müde zu grinsen. Wir verabredeten uns für den nächsten Morgen, wo eine Entschuldigung beim Pfarrer für den Raub an seinen Rosen geplant war.

Sie kamen alle und waren sehr reuevoll. Vom hiesigen Gärtner hatten sie eine Rose mit dem Namen »Alte Liebe« besorgt. Der Pfarrer war so nett, die Entschuldigung anzunehmen und gab am nächsten Abend ein Fest für die Dorfjugend und die Reisegruppe.

Die Rosen standen übrigens bis zu unserer Abreise im Speisesaal und erinnerten uns an diesen schönen Abend, der uns allen in besonderer Erinnerung geblieben ist. Wenn ich nicht die Gruppenleiterin gewesen wäre, hätte ich die Rosenaktion, hätte sie mir gegolten, auch ganz hübsch gefunden. Wie hätte ich auch erwarten können, dass die verliebte Regina zu ihrem Verehrer draußen gesagt hätte: »Es ist schön, dass du mir Rosen schenken möchtest, aber meine Gruppenleiterin hat längst die Nachtruhe angeordnet. Tut mir leid.« Nein, so geht das Leben nicht.

Vorlesedauer: 10 Minuten

Material: die Geschichte

MONATSTHEMA JULI
Tiere

Viele der älteren Menschen haben Haustiere oder hatten früher welche. Und viele kennen sich gut aus mit Tieren, beobachten gerne Vögel und haben ein breites Wissen rund um Sprichwörter und Redensarten, in denen Tiere vorkommen. Grund genug, die Tiere einmal zum Thema einer Einheit in der Seniorenarbeit zu machen.

EIGENE ANNÄHERUNG AN DAS THEMA

Welche Tiere kennen und mögen Sie? Hatten oder haben Sie Haustiere, von denen Sie erzählen könnten? Gibt es in Ihrer Nähe einen Zoo oder eine Auffangstation für verletzte Tiere, aus der jemand zu Besuch kommen könnte, um über die Arbeit zu erzählen. Gibt es einen Landwirt, den Sie mit der Gruppe besuchen könnten, um etwas über moderne Tierhaltung zu erfahren?

RATESPIEL

REDENSARTEN, IN DENEN TIERE VORKOMMEN:

Lassen Sie die Gruppe jeweils das richtige Tier ergänzen:

- *Wer übertreibt, macht aus einer Mücke …*
  … einen Elefanten

- *Eine Falschmeldung in der Zeitung ist eine …*
  … Ente
- *Welche bellende Tierart beißt nicht?*
  Hunde
- *Was ist in der Nacht grau?*
  Alle Katzen
- *Wer wird in der Pfanne verrückt?*
  Der Hund
- *Wer tanzt auf dem Tisch, wenn wer nicht da ist?*
  Mäuse / Katze
- *Was laust einen …?*
  Der Affe
- *Wer geht aufs Eis, wenn es ihm zu wohl geht?*
  Esel
- *Was setze ich jemandem ins Ohr?*
  Floh
- *Wer sagt sich in der Einsamkeit »Gute Nacht«?*
  Fuchs und Hase
- *Wer liegt hier im Pfeffer?*
  Hase
- *Wer findet auch mal ein Korn?*
  Blindes Huhn
- *Wer ist ein umschwärmter Mann im Korb?*
  Hahn
- *Wer heimlich zuhören möchte, möchte was spielen?*
  Mäuschen

- *Das ist wessen Kern?*
  Des Pudels
- *Jemand ist bekannt wie ein bunter …*
  … Hund
- *Wer geht eher durch das Nadelöhr?*
  Kamel
- *Wen lasse ich aus dem Sack?*
  Katze
- *Wer hackt der anderen kein Auge aus?*
  Krähe
- *Wen fängt man mit Speck?*
  Mäuse
- *Fest schlafen wie ein …*
  … Murmeltier
- *Vor wen werfe ich Perlen?*
  Säue
- *Wen packe ich bei den Hörnern?*
  Stier
- *Was für ein Tier ist der Mensch?*
  Gewohnheitstier
- *Was habe ich im Tank?*
  Tiger
- *Wer fängt den Wurm?*
  Der frühe Vogel
- *Wer macht noch keinen Sommer?*
  Eine Schwalbe

Diese Internetseite hat mir beim Zusammentragen der Redensarten geholfen: http://www.phraseo.de/sammlung/tiere/

Dauer: 10 Minuten

Material: die Liste mit den Fragen (CD-ROM)

ZUM VORLESEN

KATZEN HABEN PERSONAL

Gewiss kennen Sie diesen Ausspruch: »Hunde haben Herrchen, Katzen haben Personal!«

Da ich eine ausgesprochene Katzennärrin bin, fällt es mir leicht, Ihnen zum Wahrheitsgehalt dieses Spruches von einigen Beispielen zu erzählen. Bei uns im Pfarrhaus lebten nämlich insgesamt vier Katzen, die viele Beweise für die Richtigkeit der Aussage lieferten.

Da war zunächst Fridolin, der nicht im Haus lebte, sondern dessen Reich der Garten und die Terrasse war. Reinkommen wollte er nicht, denn er fürchtete um seine Freiheit. Wenn es Zeit für seine Mahlzeiten war und wir nicht gleich reagierten, sprang er empört ob der schlechten Bedienung von draußen auf das Fensterbrett und kratzte an der Scheibe. Er hatte es lieber, wenn mein Mann ihm sein Menü servierte. Sein Verhältnis zu mir war getrübt, weil ich einmal versucht hatte, ihn in eine Falle zu locken, um ihn zum Tierarzt zu bringen. Er hat wohl geahnt, was ich da mit ihm vorhatte. Wenn es draußen kalt wurde, haben wir ihm eine Kiste hingestellt, damit er nicht im Schnee zu schlafen brauchte. Aber die hat er nur äußerst selten genutzt. Wie gesagt, er liebte seine Freiheit. Zum Geburtstag, den ich mit Freunden feiern wollte, habe ich ihn nicht eingeladen. Er wäre zwar sowieso nicht gekom-

men, aber dennoch war die fehlende Einladung ein Affront für ihn. Er bediente sich deshalb ungefragt am Tiramisu, das ich nach draußen gestellt hatte. Der darin enthaltene Amaretto hat ihn tief und fest schlafen lassen.

Im Haus lebten Susi und Luzy, die selbst auch aus einem Pfarrhaus kamen und sich mit den Gepflogenheiten in so einem Haushalt gut auskannten. Passend zur Kleidung des Pfarrers waren sie schwarz-weiß. Luzy schlief gerne im Barett unseres persönlichen Hirten, allerdings nur, solange sie noch klein war. Später hat sie immer schön ihren Teller leer gegessen und passte nicht mehr rein. Susi machte es sich auf seinem Schoß bequem. Beide verloren dabei gerne einige Haare, die sich auf dem schwarzen Anzug immer ganz prima machten.

Dass wir rauchten, gefiel ihnen gar nicht. Mir schlugen sie die Zigarette aus der Hand, bei der Pfeife meines Mannes allerdings ging das nicht so leicht.

Das Fernsehprogramm des Abends bestimmten sie. Tiersendungen mochten sie am liebsten. Wenn sie es für richtig hielten, drängten sie uns, nun endlich den Flimmerkasten auszumachen und zu Bett zu gehen. Gerne würden sie uns begleiten.

Wenn wir, was selten genug vorkam, einen freien Sonntag hatten, gönnten wir uns ein üppiges Frühstück im Bett. Auf einem kleinen Teewagen transportierten wir Eier, Schinken, Brötchen, Kaffee und Krabben ins Schlafzimmer. Sobald Luzy den Teewagen rattern hörte, kam sie in die

Küche, stieg auf die unterste Platte und fuhr mit. Natürlich hatte sie es längst gerochen, was es da so alles an Leckereien gab. Da hatte sie natürlich die berechtigte Hoffnung, dass wir sie zum Frühstück einladen würden.
Die Vierte im Bunde war Nuschi, die wir von einer alten Frau aus der Gemeinde geerbt haben. Zunächst herrschte ein heftiger Zickenkrieg im Haus, weil Susi und Luzy um ihre Rechte fürchteten. Besonders wenn wir hinsahen, haben sie sich tüchtig gezankt und einander aufgelauert. Streit um die besten Schlafplätze gab es natürlich auch. Wenn es uns zu viel wurde, haben wir sie in die Therapie gesteckt. Das bedeutete, dass wir sie in ein Zimmer mit drei Sesseln gesperrt haben. Dort haben sie sich dann wunderbar verstanden.
Die drei Damen und der eine Herr haben uns tüchtig auf Trab gehalten. Mehrere Sessel und Sofas haben sie auf dem Gewissen. Aber als sie dann alle nacheinander gestorben sind, waren wir sehr traurig.
So schlimm ist es doch gar nicht, Personal zu sein.

Vorlesedauer: 7 Minuten

Material: die Geschichte

SAMMELAUFGABE

TIERE IN KOMBINATION MIT FARBEN

Lassen Sie zusammentragen, welche Tiere einen Farbnamen tragen. So könnte die Liste aussehen:

- *Blaumeise*
- *Grünfink*

- *Rotkehlchen*
- *Schwarze Mamba*
- *Weißer Tiger*
- *Rotbarsch*
- *Graureiher*
- *Grünspecht*
- *Kohlweißling*
- *Braunbär*
- *Braunauge*

Dauer: 10 Minuten

Material: Beispielliste (CD-ROM), ein Flipchart zum Notieren der Nennungen, dicker Stift

SAMMELAUFGABE

SÜNDEN – BOCK

Tiernamen werden oft auch in Verbindung mit anderen Wörtern genutzt. Hier werden Wörter vor oder nach Tiernamen gesucht.

- *Sünden – bock*
- *Hof – hund*
- *Wasser – ratte*
- *Zeitungs – ente*
- *Back – fisch*
- *Geld – hai*

Nun kommt das Tier davor:

- *Hecht* – *suppe*
- *Katzen* – *auge*
- *Hunde* – *hütte*
- *Adler* – *horst*
- *Schweine* – *koben*
- *Hammel* – *beine*
- *Frosch* – *konzert*
- *Pferde* – *fuß*

Dauer: 10 Minuten

Material: Beispielliste (CD-ROM), ggf. ein Flipchart zum Notieren der Nennungen

RATESPIEL

FAMILIENZUSAMMENFÜHRUNG

Nennen Sie der Gruppe jeweils nur einen Namen einer Tierfamilie und lassen Sie die fehlenden Namen (Vater, Mutter, Kind) ergänzen.

Vater	Mutter	Kind
Eber	Sau	Ferkel
Hengst	Stute	Fohlen
Rüde	Hündin	Welpe
Fuchs	Fähe	Fuchswelpen
Bock	Ricke	Kitz

Ganter	Gans	Gössel
Erpel	Ente	Entenküken
Gockel	Glucke	Küken
Kater	Katze	Kätzchen
Ziegenbock	Geiß	Zicklein
Widder	Schaf	Lamm
Bulle	Kuh	Kalb
Keiler	Bache	Frischling

Dauer: 10 Minuten

Material: wenn Sie per Zuruf spielen, dann benötigen Sie kein Material. Wollen Sie eine Liste ausfüllen lassen, brauchen Sie eben diese Liste (CD-ROM) und einen Stift pro Person

RATEAUFGABE

TIERLAUTE ANHÖREN

Auf dieser Internetseite gibt es kostenlos Tierlaute, vor allem Vogelstimmen zu hören, die die Gruppe sicherlich gerne den richtigen Tieren zuordnet: *http://www.nature-rings.de/*

Besonders Menschen, die nicht mehr häufig nach draußen gehen können, werden sich über diese Übung freuen.

Dauer: je nach Auswahl der Tierstimmen

Material: Laptop, Lautsprecher, Internetzugang

GESCHICHTE ZUM VORLESEN

MALLORCA

Für mich gehören Tiere unbedingt zur Landwirtschaft. Da gibt es die Kühe, die gemolken werden müssen, Schweine, die gefüttert werden, Schafe, die auf die Weide kommen, Ziegen, der Hofhund, ein paar Katzen und Kaninchen. Früher wurden schon die Kinder in die Versorgung der Tiere eingebunden. Oft gehörte die Aufzucht der Kälber zu ihren Aufgaben. Und manchmal durften sie sogar die Namen für die Tiere aussuchen. Der Umgang mit den Tieren war zwar liebevoll, aber nicht so sentimental, wie wir das heute mit unseren Haustieren erleben. Dass der Hofhund mit im Wohnzimmer und dort gar auf dem Sofa sitzen durfte, das kannte man früher nicht. Die Katzen sollten Mäuse fangen und nicht auf den Wolldecken liegen. Und Kaninchen wurden gehalten, damit man einen schönen Weihnachtsbraten hatte und ein warmes Fell als Bettvorleger.

Heute bekommen die Kinder oft ein Tier, damit sie es lernen, Verantwortung zu übernehmen und zuverlässig für ein Lebewesen zu sorgen. Das ist jedenfalls der erzieherische Anspruch der Eltern, wenn sie ein Haustier anschaffen. Das führt manchmal zu Konflikten, aber hören Sie selbst:

Unsere Nachbarn zur Linken haben einen Sohn, Jonas. Er

ist fünf. Und weil sein Vater das als kleiner Junge auch so erlebt hatte, sollte Jonas zwei Kaninchen bekommen, für die er stets frisches Wasser bereithalten, Löwenzahn suchen und Möhren aus der Küche stibitzen und einmal pro Woche den Stall ausmisten muss. Als Behausung für die beiden Kaninchen wurde ein großer, gelber Stall gebaut, der die Nachbarschaft enorm erfreute. Saskia sieht ihn, wenn sie aus der Küche schaut, sogar dann, wenn sie ihn gar nicht sehen will. Und ich wache nachts auf, wenn die beiden durch fröhliches Getrampel in ihren Gemächern den Morgen begrüßen.
Jonas Begeisterung ist mäßig, aber er gibt ihnen wenigstens Namen. Flecki und Hoppel heißen sie. Es sollen zwei Mädchen sein, aber da ist man sich nicht ganz so sicher. Deshalb bekommen sie zwei getrennte Zimmer in dem Kaninchenstall, um nicht eine explosionsartige Vermehrung der Population zu riskieren.
Jonas Vater nennt bei sich die Kaninchen Weihnachten und Neujahr, hat dabei aber ganz andere Hintergründe, als sein Sohn ahnen kann. Auch wenn Jonas Flecki und Hoppel nicht wirklich in sein Herz geschlossen hat und die Stallarbeit eher von seinen Eltern übernommen wird, dass seine beiden geschlachtet werden sollen und er sie essen soll, das geht gar nicht. Allein als Hoppel ihn einmal beim Hinhalten der Möhre in den Finger beißt, überlegt er kurz. Aber nein, er will lieber Vegetarier bleiben oder Bratwurst oder Ente essen. Weil aber sein Vater bei seinem festtäglichen Vorhaben bleibt, entwickelt er die Idee, Flecki und Hoppel sollen Ende November in Urlaub fahren, und zwar nach Mallorca. Dort überwintern sie, denn in der Wärme gefällt es ihnen viel besser. Jonas ist einverstanden, denn das kennt er von den Großeltern, die das auch manchmal machen. Die kommen

auch jedes Jahr wieder, sind gut gelaunt und erholt, das gönnt er auch den Kaninchen. Außerdem braucht er sich dann in der Zwischenzeit nicht um sie zu kümmern.
Also verschwinden Flecki und Hoppel im November, der Stall bleibt leer. Was genau mit ihnen geschieht, wollen wir gar nicht so genau wissen. Zu Weihnachten dann ist die Familie bei den Großeltern zum Mittagessen eingeladen. Es gibt Kaninchenbraten und dummerweise schaut Jonas in der Küche vorbei, um der Großmutter beim Kochen zuzuschauen. »Oma, was ist das denn für Fleisch?«, fragt er. Die Oma bekommt Schweißausbrüche, was nicht an der heißen Herdplatte liegt. Woher nun so schnell eine Erklärung finden? »Äh«, sagt sie dann ziemlich lange, »weißt du, Jonas, das sind Langohrenten!« Etwas Besseres ist ihr auf die Schnelle nicht eingefallen. Und diese Langohrenten will Jonas nun mal in echt sehen.
Nun haben die Eltern allerdings zwei Probleme: eine Langohrente aufzutreiben und bis zum Frühjahr zwei Kaninchen zu finden, die Flecki und Hoppel wenigstens ein bisschen ähnlich sehen. Aber der Papa hat einen großen Freundeskreis, da wird sich schon eine Lösung finden. Und dafür, dass die beiden neuen Flecki und Hoppel um so vieles kleiner sind, wird sich auch schon eine Erklärung finden. Vielleicht sind sie in der Hitze ja geschrumpft. Und die Langohrente ist zur Not ausgewandert. Basta.

Aus: Rita Kusch: Schatztruhe für die Seniorenarbeit. Impulse, Materialien und Gesprächsanstöße, © Gütersloher Verlagshaus, Gütersloh 2015

Dauer: Vorlesezeit ca. 9 Minuten, planen Sie aber Zeit für die Erinnerung an eigene Erlebnisse mit Tieren ein

Material: die Geschichte

BÜCHERWURM UND LESERATTE

Lassen Sie weitere Tiernamen sammeln, deren Namen wir nutzen, um Eigenschaften, Eigenarten oder Gegenstände zu benennen. So könnte die Liste aussehen:

- *Zebrastreifen*
- *Hundeelend*
- *Katzenjammer*
- *Fuchsschwanz*
- *Sei kein Frosch*
- *Spatzenhirn*
- *Saukalt*
- *Kuhfuß*
- *Ziegenpeter*
- *Kälberzähne*
- *Unschuldslamm*
- *Wieselflink*
- *Bärenhunger*
- *Bienenfleißig*
- *Krokodilstränen*
- *Drahtesel*
- *Stummfisch*
- *Neidhammel*
- *Trampeltier*
- *Naschkatze*
- *Frechdachs*
- *Lackaffe*

Statt des Sammelns kann man auch nur die Tiernamen benennen und die Teilnehmenden auffordern, die Ergänzungen zu finden.

Diese Internetseite hat mir beim Sammeln geholfen und bietet noch mehr: http://www.wispor.de/w-eig-ti.htm

Dauer: 10 Minuten

Material: Beispielliste (CD-ROM), ein Flipchart und einen dicken Stift

KATZEN

Suchen Sie sich schöne Bilder von Katzen und kleben Sie sie mit fester Pappe ab. Auf der Rückseite der Bilder stehen Fragen, über die die Teilnehmenden miteinander ins Gespräch kommen sollen. So könnten die Fragen aussehen:

1. *Wer brachte das Musical »Cats« zur Aufführung?*
2. *Welche Eigenschaft oder Fähigkeit hat die Katze zum Haustier gemacht?*
3. *Wie viele Junge kann eine Katze in einem einzigen Wurf bekommen?*
4. *Was glauben Sie, kommen Katzen in der Bibel vor?*
5. *Welche Pflanzen sind für Katzen wie ein Rauschmittel?*
6. *Wie nennt man Musik, die einem überhaupt nicht gefällt?*
7. *Wie geht noch das Lied von der Katze im Schnee? Stimmen Sie es an?*
8. *Gesucht wird der Name für eine süße Spezialität aus Schokolade.*
9. *Ein Zeichentrickfilm erzählt von adeligen Katzen. Wie heißt er?*
10. *Wie sagt man, wenn ein Weg nur sehr kurz, in wenigen Schritten zu erreichen ist?*
11. *Gesucht wird ein Film mit Liz Taylor und Paul Newman in den Hauptrollen.*
12. *Wie nennt man die Folgen einer durchzechten Nacht?*

13. *Nennen Sie mindestens drei besondere Katzenrassen.*
14. *Wie heißt das Märchen, in dem ein Kater der Titelheld ist?*
15. *Wie heißt der Rückstrahler am Fahrrad?*
16. *Wer tanzt auf dem Tisch, wenn die Katze nicht zu Hause ist?*
17. *Mit welchen wilden Tieren sind die Katzen verwandt?*
18. *Welche Farbe haben, dem Sprichwort gemäß, alle Katzen in der Nacht?*

Hier die Lösungen für Sie:

1. *Andrew Lloyd Webber*
2. *Mäuse fangen*
3. *Fünf bis sechs*
4. *Nein, wohl wegen der Erinnerung an Ägypten, wo Katzen heilig waren*
5. *Baldrian und Katzenminze*

6. *Katzenmusik*
7. *ABC, die Katze läuft im Schnee*
8. *Katzenzungen*
9. *Aristocats*
10. *Katzensprung*
11. *Die Katze auf dem heißen Blechdach*
12. *Kater*
13. *Siamkatze, Perserkatze, Angorakatze, Tabby …*
14. *Der gestiefelte Kater*
15. *Katzenauge*
16. *Mäuse*
17. *Gepard, Löwe, Luchs, Tiger, Puma*
18. *Grau*

Wenn Sie dieses Spiel mit Menschen mit einer demenziellen Veränderung probieren, können Sie auch nur die Bilder von den Katzen anschauen. Fragen Sie danach, wer früher eine Katze hatte und lassen Sie von schönen Erlebnissen mit den Tieren erzählen.

Dauer: 20 Minuten

Material: Katzenbilder mit den Fragen (CD-ROM) auf der Rückseite

MONATSTHEMA AUGUST
Dorf

Viele der älteren Menschen sind auf dem Dorf groß geworden, was sie sehr geprägt hat. Selbst wenn unsere Teilnehmenden Städter sind, werden sie sich an ihrem Stadtteil orientiert haben. Einige werden sich auch selber oder aus Erzählungen an das Pflichtjahr erinnern.
Dörfliches Leben bedeutet Landwirtschaft, Zusammengehörigkeit, Bräuche und Traditionen, aber auch Klatsch und Tratsch und soziale Kontrolle.
Den damit verbundenen Erinnerungen soll mit verschiedenen methodischen Vorschlägen nähergekommen werden.

EIGENE ANNÄHERUNG AN DAS THEMA

Wo sind Sie selbst aufgewachsen? Was wissen Sie über das dörfliche Leben? Welche Bräuche haben Sie selbst miterlebt? Gibt es in der Nähe einen Verein, der das dörfliche Leben fördern und bewahren möchte und aus dem Sie jemanden einladen könnten?

ERZÄHLIMPULS

ERZÄHLSPIEL

Suchen Sie sich aus dem Internet schöne Bilder von Dörfern oder nehmen Sie Aufnahmen vom eigenen Wohnort der Teilnehmenden, die Sie sicherlich bei der örtlichen

Tourist-Information bekommen. Auch in den Büchern von Rien Poortvliet finden sich schöne Zeichnungen (Poortvliet, Rien, »Auf dem Lande«, Verlag Paul Parey). Auf die Rückseiten der Bilder schreiben Sie die folgenden Fragen:

- *Welches Dorf gefällt Ihnen gut?*
- *Was gehört für Sie alles zum dörflichen Leben?*
- *Erzählen Sie von einem besonderen Fest in Ihrem Dorf!*
- *Erzählen Sie von bestimmten Bräuchen in dem Dorf!*
- *Wie war das auf dem Dorf mit der Nachbarschaft?*
- *Wie war das auf dem Dorf mit Klatsch und Tratsch?*
- *Ab wann galt man in dem Dorf als Einheimischer?*
- *Welcher Dialekt wurde auf dem Dorf gesprochen?*
- *Gab es eine Kirche im Dorf? Erzählen Sie davon?*
- *Gab es eine Schule in dem Dorf? Erzählen Sie davon?*
- *Welche Rolle spielte der Dorfvorsteher oder Bürgermeister?*
- *Welche Rolle spielte der Pastor auf dem Dorf?*
- *Welche Rolle spielte der Lehrer auf dem Dorf?*
- *Welche Rolle spielte der Arzt auf dem Dorf?*
- *Leben Sie lieber auf dem Dorf oder lieber in der Stadt?*

Weitere Fragen werden Ihnen sicherlich selbst einfallen.

Nun liegen alle Karten mit der Bildseite nach oben auf dem Tisch. Reihum wird jeweils eine Karte aufgedeckt und die Frage dazu vorgelesen. Nun kommt die Teilnehmerrunde über diese Frage miteinander ins Gespräch. Ist dazu genug erzählt, wird die Karte weggelegt und die nächste aufgenommen. Das geht so lange, bis alle Karten besprochen wurden oder bis die Gruppe keine Lust mehr dazu hat.

Dauer: 30 Minuten

Material: die Bildkarten mit den Fragen (CD-ROM) auf der Rückseite

INFORMATION

WENN DIE WELT EIN DORF WÄRE ...

Im Internet findet sich auf dieser Seite *www.detailverliebt.de/wenn-die-welt-ein-dorf-aus-100-menschen-ware-2...* eine interessante Auflistung verschiedener Informationen. Sie können die Information vorlesen oder daraus eine Art Ratespiel machen, das sicherlich den Effekt des Staunens besser herausarbeiten würde.
Hier aber zuerst einmal das Zitat der Internetseite:

So sieht Ungerechtigkeit in der Realität aus

Wenn wir die ganze Menschheit auf ein Dorf von 100 Einwohnern reduzieren und auf die Proportionen aller bestehenden Völker achten würden, so wäre dieses Dorf so zusammengestellt:

- *60 Asiaten*
- *14 Afrikaner*
- *11 Europäer*
- *14 Amerikaner (Nord u. Süd)*
- *1 Ozeanier*

- *52 wären Frauen*
- *48 wären Männer*

- *70 Nicht-Weiße*
- *30 Weiße*

- *70 Nicht-Christen*
- *30 Christen*

- *89 Heterosexuelle*
- *11 Homosexuelle*

- *6 Personen würden 59 % des gesamten Weltreichtums besitzen und alle 6 Personen kämen aus den USA.*

- *80 hätten keine ausreichenden Wohnverhältnisse*
- *70 wären Analphabeten*
- *50 wären unterernährt*
- *Einer würde sterben*
- *Zwei würden geboren*
- *Einer hätte einen PC*
- *Einer hätte einen akademischen Abschluss*

Wenn man die Welt aus dieser Sicht betrachtet, wird jedem klar, dass das Bedürfnis nach Zusammengehörigkeit, Verständnis, Akzeptanz und Bildung notwendig ist.

Falls Du heute am Morgen gesund und nicht krank aufgewacht bist, bist Du glücklicher als eine Million Menschen, welche die nächste Woche nicht erleben werden.

Falls Du nie einen Kampf des Krieges erlebt hast, nie die Einsamkeit durch Gefangenschaft, die Agonie des Gequälten oder Hunger gespürt hast – dann bist Du glücklicher als 500 Millionen Menschen der Welt.

Falls Du in die Kirche gehen kannst, ohne die Angst, dass Dir gedroht wird, dass man Dich verhaftet oder Dich umbringt – bist Du glücklicher als drei Milliarden Menschen der Welt.

Falls sich in Deinem Kühlschrank Essen befindet, Du angezogen bist, ein Dach über dem Kopf hast und ein Bett zum Hinlegen – bist Du reicher als 75 % der Einwohner dieser Welt.

Falls Du ein Konto bei der Bank hast, etwas Geld im Portemonnaie oder etwas Kleingeld in einer kleinen Schachtel – gehörst Du zu 8 % der wohlhabenden Menschen auf dieser Welt.

Du, der Du diesen Text liest, bist doppelt gesegnet worden – denn: Du gehörst nicht zu den zwei Milliarden Menschen, die nicht lesen können.

Vortragsdauer: 10 Minuten

Material: die oben angegebenen Informationen (CD-ROM)

FRAGEN ZU »WENN DIE WELT EIN DORF WÄRE«

Machen Sie zu Beginn noch einmal deutlich, dass die Gesamtbevölkerung der Welt prozentual auf ein Dorf von 100 Menschen heruntergerechnet wurde.

1. *Auf welchem Erdteil leben die meisten Menschen?*
2. *Auf welchem Erdteil leben die wenigsten Menschen?*
3. *Gibt es mehr Männer oder mehr Frauen?*
4. *Gibt es mehr Weiße oder mehr Nicht-Weiße?*
5. *Was denken Sie, wie viele Christen gibt es?*
6. *Wie viele Menschen besitzen mehr als die Hälfte des gesamten Weltreichtums?*
7. *Woher kommen die Besitzer des Weltreichtums?*
8. *Wie viele Menschen haben ausreichende Wohnverhältnisse?*
9. *Wie viele Menschen sind unterernährt?*
10. *Wie viele haben einen akademischen Abschluss?*

Stellen Sie die Fragen nacheinander und fordern Sie dazu auf, jeder und jede möge sich einen Punkt aufschreiben für jede richtige Antwort. Dann besprechen Sie die einzelnen Fragen miteinander und geben die richtige Lösung bekannt. Überlegen Sie sich gut, ob Sie das Thema »Homosexualität« ansprechen. Möglicherweise ist es in der Generation noch tabuisiert.

Dauer: 15 Minuten

Material: die aufgeschriebenen Fragen (CD-ROM)

DISKUSSION

Regen Sie dazu an, man möge über die Informationen, die der Text und vertiefend das Ratespiel gebracht hat, ins Gespräch kommen. Fragen Sie vor allem danach, ob man diese Fakten vorher auch so eingeschätzt hätte. Bei einigen Punkten (z. B. der Homosexualität) müssen Sie bei den Teilnehmenden mit Vorurteilen und Gesprächsbedarf oder auch Gesprächsverweigerung rechnen.

Dauer: je nach Diskussionsfreude

Material: keines

SAMMELAUFGABE

Lassen Sie die Teilnehmenden möglichst viele Wörter zusammentragen, die mit »Dorf« beginnen. So könnte die Liste aussehen:

- *Dorfladen*
- *Dorffest*
- *Dorftrottel*
- *Dorflinde*
- *Dorfplatz*
- *Dorfschänke*
- *Dorfschönheit*
- *Dorfschule*
- *Dorfschulze*
- *Dorfteich*
- *Dorfschullehrer*
- *Dorfleben*
- *Dorfhotel*
- *Dorfbewohner*

Dauer: 10 Minuten

Material: Beispielliste (CD-ROM), ggf. ein Flipchart zum Notieren der Nennungen und einen dicken Stift

UNSER DORF HAT ZUKUNFT

»Unser Dorf hat Zukunft« (bis 1997 »Unser Dorf soll schöner werden«) ist ein Bundeswettbewerb, der seit 1961 in fast allen Ländern der Bundesrepublik Deutschland durchgeführt wird. Teilnehmen können Orte mit bis zu 3000 Einwohnern.« So beschreibt diese Internetseite *https://de.wikipedia.org/wiki/Unser_Dorf_hat_Zukunft* den Wettbewerb, dem sich viele Dörfer Jahr für Jahr stellen.

Geben Sie die Frage in die Runde, was im eigenen Wohnort, der Stadt, dem Stadtteil oder dem Dorf schöner werden müsste, damit man gut und gerne dort leben kann. Sicherlich wäre es eine schöne Idee, die Ergebnisse dieses Gespräches den Verantwortlichen vor Ort zu präsentieren, damit die Stimme der älteren Generation mehr Gehör bekommt.

Dauer: je nach Diskussionsfreude

Material: Papier zum Mitschreiben der Ergebnisse

MONATSTHEMA SEPTEMBER
Weinlese

An vielen Orten hat die Weinlese begonnen. Das brachte mich auf die Idee, eine Einheit zum Thema »Wein« zu gestalten. Wie immer biete ich Ihnen dazu viele Möglichkeiten, über das Thema ins Gespräch zu kommen, zu rätseln und zu probieren.
Wenn Sie zu diesem Thema auch eine Weinprobe veranstalten möchten, denken Sie daran, dass nicht alle alten Menschen Alkohol vertragen (möglicherweise auch wegen der Medikamenteneinnahme) oder auch wegen einer Diabetes-Erkrankung nichts trinken können. Auch alkoholfreie Weine haben oft einen hohen Zuckergehalt. Also ist hier Vorsicht geboten.

EIGENE ANNÄHERUNG AN DAS THEMA

Wie gut kennen Sie sich selbst mit Wein aus? Gibt es in Ihrer Gruppe viele Menschen, die keinen Wein trinken dürfen? Kennen Sie eine Weinhandlung in Ihrer Nähe, die Ihnen behilflich sein könnte?

DEKORATION

Weinflaschen, Weintrauben, Weingläser, Weinlaub, vielleicht ein Zwiebelkuchen passen gut zum Thema.

Das Rätsel geht so, dass Worte gesucht werden, die mit dem Wort »Wein« beginnen. Das Wort in der Mitte der Tabelle muss wiederum zu dem Wort in der 3. Spalte passen. Manchmal muss man noch einen Buchstaben an das mittlere Wort anfügen, manchmal auch einen weglassen. Ein Beispiel wäre also Weinlese – Lesezeichen

Wein	**?**	**Letztes Wort**
Wein	Lese	Zeichen
Wein	Flasche	Post
Wein	Glas	Schrank
Wein	Berg	Fest
Wein	Keller	Treppe
Wein	Fass	Brause
Wein	Handel	Kontor
Wein	Laden	Hüter
Wein	Anbau	Gebiet
Wein	Probe	Zeit
Wein	Traube	Most
Wein	Rebe	Laus
Wein	Garten	Laube
Wein	Straße	Bau
Wein	Kenner	Blick

Drucken Sie die Liste mit der leeren Spalte in der Mitte aus (siehe CD-ROM) und kopieren Sie diese in ausreichender Zahl. Vielleicht macht es mehr Spaß, zu zweit zu arbeiten.

Dauer: 15 Minuten

Material: die kopierte Liste (CD-ROM) und einen Stift pro Teilnehmer

GESPRÄCHSIMPULS

SPRÜCHE ZUM THEMA

Aus diesen Zitaten zum Thema können sich die Teilnehmenden aussuchen, was sie besonders anspricht. Die Sprüche eignen sich ausgedruckt auch als kleines Mitgebsel.

Am Rausch ist nicht der Wein schuld, sondern der Trinker.
Konfuzius (um 500 v.Chr.)

Das soll am Wein belobet sein: Er trinkt am besten sich zu zwein.
Emanuel Geibel (1815-1884)

Der Wein erfindet nichts, er schwatzt's nur aus.
Friedrich Schiller (1759-1805)

Der Wein gibt Witz und stärkt den Magen.
Christoph Martin Wieland (1733-1813)

Der Wein hält nichts geheim.
Sprichwort

Der Wein ist die edelste Verkörperung des Naturgeistes.
Friedrich Hebbel (1813-1863)

Der Wein ist unter den Getränken das Nützlichste, unter den Arzneien das Schmackhafteste, unter den Nahrungsmitteln das Angenehmste.
Plutarch (um 80 n.Chr.)

Der Wein wandelt den Maulwurf zum Adler.
Charles Baudelaire (1821-1867)

Der Wein wirkt stärkend auf den Geisteszustand, den er vorfindet: Er macht die Dummen dümmer, die Klugen klüger!
Jean Paul (1763-1825)

Eine Flasche Wein enthält mehr Philosophie als alle Sachbücher.
Louis Pasteur (1822-1895)

Es lebe die Freiheit! Es lebe der Wein!
Johann Wolfgang von Goethe (1749-1832)

Für Sorgen sorgt das liebe Leben. Und Sorgenbrecher sind die Reben.
Johann Wolfgang von Goethe (1749-1832)

Gott hat nur Wasser geschaffen, aber der Mensch machte den Wein.
Victor Hugo (1802-1885)

Guter Wein ist ein gutes, geselliges Ding, wenn man mit ihm umzugehen weiß.
William Shakespeare (1564-1616)

Im Wein liegt Wahrheit und mit der stößt man überall an.
Friedrich Hegel (1770-1831)

Man führt gegen den Wein nur die bösen Taten an, zu denen er verleitet, allein er verleitet auch zu hundert guten, die nicht so bekannt werden.
Georg Christoph Lichtenberg (1742-1799)

Regen lässt das Gras wachsen, Wein das Gespräch.
Sprichwort

Rotwein ist für alte Knaben eine von den besten Gaben.
Wilhelm Busch (1832-1908)

Schade, dass man einen Wein nicht streicheln kann.
Kurt Tucholsky (1890-1935)

Traubenblut schafft frohen Mut.
Sprichwort

Wasser macht weise, lustig der Wein. Drum trinken wir beides, um beides zu sein!
Volksweisheit

Wein ist die Nachtigall unter den Getränken.
Voltaire (1694-1778)

Wein ist stärker als das Wasser, das gestehn auch seine Hasser.
Gotthold Ephraim Lessing (1729-1781)

Wer trinkt, soll reinen Herzens sein, mit Wein ist nicht zu scherzen.
Friedrich Rückert (1788-1866)

Wer Wein verdient, soll nicht Wasser bekommen.
Afrikanisches Sprichwort

Die Sammlung ist eine Bearbeitung dieser Internetseite http://www.diebestensprueche.info/trinksprueche/weinsprueche/index.html

Dauer: 20 Minuten

Material: die Liste mit den Sprüchen (CD-ROM) oder die einzeln ausgedruckten Sprüche

SAMMELAUFGABE

LUSTIGE WEINNAMEN

Lassen Sie die Teilnehmenden nach lustigen Namen für Wein suchen. Hier sind einige Tipps, um der Erinnerung auf die Sprünge zu helfen:

- *Kröver Nacktarsch*
- *Heuchelheimer Herrenpfad*
- *Oberföhringer Vogelspinne*
- *Wachenheimer Gerümpel*
- *Südtiroler Schädelsprenger*
- *Sommeracher Katzenkopf*
- *Iphöfer Domina*
- *Arroganter Frosch*
- *Eselsmilch*
- *Ungeheuer von Winning*

Dauer: 15 Minuten

Material: Beispielliste (CD-ROM), ein Flipchart zum Notieren der Nennungen, ein dicker Stift

DER KORKENZIEHER UND DAS ERSTE DATE

In unserer Gemeinde, in der ich seit ungefähr drei Jahren als angehende Diakonin arbeitete, hatte ein neuer Pastor seinen Dienst begonnen. Schon bei der ersten Begegnung hatte ich das Gefühl, dass sich durch diesen Dienstbeginn etwas Entscheidendes in meinem Leben ändern würde. Die anderen Pastoren der Gemeinde waren etwa so alt wie meine Eltern und behandelten mich so, wie man eben eine Tochter behandelt, die noch grün hinter den Ohren war. Er nicht. Er war zwei Jahre älter als ich, sah unverschämt gut aus und gefiel mir auf Anhieb extrem gut. Natürlich hatten wir dienstlich miteinander zu tun und allerhand zu besprechen. So lud ich ihn eines Abends zum Essen zu mir ein. Dass er auch für die italienische Küche schwärmte, hatte ich schon herausgefunden. So kochte ich eine Lasagne, weil ich natürlich Eindruck schinden wollte. Auch einen italienischen Wein hatte ich besorgt, den Tisch schön gedeckt, mich etwas aufgebrezelt und alles nett hergerichtet.

Dummerweise ging beim Öffnen der Weinflasche der Korkenzieher kaputt. Die Lasagne war schon im Ofen, also konnte ich das Haus nicht verlassen, um etwa einen neuen Korkenzieher zu kaufen. Also musste ich runter zu meiner Vermieterin, um mir einen auszuleihen. Leider war diese Vermieterin sehr neugierig und nutzte nun die Gunst meiner misslichen Lage, um mich gehörig auszuhorchen, wer denn gleich zu Besuch käme und warum. Ich faselte etwas von einem Arbeitsessen, sah aber gleich an ihrem süffisanten Lächeln, dass sie mir kein Wort glaubte. Den Korkenzieher erhielt ich jedenfalls und konnte mich wieder dem Essen

widmen. Das war auch höchste Zeit, denn die Lasagne war schon bedenklich braun geworden.
Der Fortgang der Dinge soll nicht weiter ausgebreitet werden. Das Essen hat jedenfalls geschmeckt und die geplanten Projekte sind dann auch gut angelaufen. Ach ja, in diesem Jahr sind wir übrigens 30 Jahre verheiratet. Er ist mein persönlicher Hirte geworden.
Wie gut, dass die Vermieterin einen Korkenzieher hatte.

Vorlesedauer: 7 Minuten

Material: die Geschichte

MONATSTHEMA OKTOBER
Luther

Im Jahre 2017 feiern wir 500 Jahre Reformation. Da sollte auch im Seniorenkreis das Thema Luther vorkommen. Luther hat mit seiner Bibelübersetzung, seinen Texten und Liedern unseren Glauben entscheidend mit geprägt. Vielen alten Menschen sind sie gut bekannt. »Ein feste Burg ist unser Gott« werden viele auswendig kennen. Und auch sein Katechismus war in der Konfirmandenzeit auswendig zu lernen.

EIGENE ANNÄHERUNG AN DAS THEMA

Wie gut kennen Sie sich mit Martin Luther aus? Gibt es in Ihrer Medienstelle Material dazu? Haben Sie die technischen Möglichkeiten, mit der Gruppe den Lutherfilm anzuschauen? Könnten Sie einen Theologen dazu einladen, der über Luther referiert und für weitergehende Fragen zur Verfügung steht?

ANDACHT

EIN FESTE BURG IST UNSER GOTT

Ein schönes Bild für Gott, eine feste Burg! Schutz und Sicherheit, Geborgenheit und Gemeinschaft. Wunderbar hat Martin Luther dieses Bild in seinem Lied verarbeitet, das zu den Liedern des Gesangbuches gehört, zu denen Sie, liebe Seniorinnen und Senioren, kein Gesangbuch brauchen. Sie

haben es auswendig gelernt und es ist jederzeit abrufbar. Luther wird bei der Dichtung dieses Liedes an die Wartburg gedacht haben, wo er selbst Schutz und Sicherheit gefunden hat und die Ruhe fand, die Bibel zu übersetzen.
Aber es gibt ja noch viel mehr Bilder von Gott. Er ist der Arzt, die helfende Hand, die liebende Mutter, die Tür, der Weinstock, der gute Hirte, die Sonne, der Weg, die Wahrheit und das Leben. Alle Bilder wollen uns eine Seite Gottes zeigen, aber kein Bild kann es ganz und gar, denn Gott ist immer noch viel größer als alles, was wir uns ausdenken können. Manche von uns werden sich Gott immer noch wie einen alten Mann vorstellen, der in weißen Gewändern im Himmel sitzt und von Engeln umgeben ist. Andere denken an das imposante Deckengemälde der Sixtinischen Kapelle in Rom von Michelangelo, in der Gott mit seinem Finger den Finger Adams zu berühren scheint, um ihn ins Leben zu holen. Oder sie sehen ihn wie den strengen Weltenrichter, der am Ende der Zeit Gute und Böse voneinander zu unterscheiden weiß. Er ist alles das und noch viel mehr. Vor allem aber ist er die Liebe.
Das Bilderverbot des Alten Testamentes hatte wohl den Sinn, die Menschen davor zu bewahren, sich ein zu starres Bild von Gott zu machen. Gott lässt sich nicht festlegen und doch hat er sich in dem Menschen Jesus von Nazareth den Menschen in menschlicher Gestalt gezeigt. Damit hat er uns selbst ein Bild von sich geschenkt, das eines kleinen Kindes, abhängig von Fürsorge und Nahrung, das eines klugen und zugewandten Predigers, der die Menschen zu begeistern wusste, das eines leidenden und sterbenden Menschen, der sich wie ein Lamm zur Schlachtbank führen lässt. In vielen Facetten will Gott uns begegnen. Wir können seine Spuren

auch in unserem Leben finden. Doch dazu müssen und dürfen wir uns aus unseren Burgen herauswagen, hinein ins Leben. Dort will er uns entgegenkommen.

Dauer: 5 Minuten plus Zeit für das Singen

Material: den Text der Andacht, ggf. ein Gesangbuch oder ein Ausdruck des Liedes

ERZÄHLIMPULS

LUTHER-ERZÄHLSPIEL

In zeitlicher Nähe zum Reformationsfest steht Martin Luther häufig auch auf den Programmen der Seniorenarbeit. Das wird im Jubiläumsjahr der Reformation sicherlich besonders der Fall sein. Ich möchte Sie dazu anregen, ihm einmal auf andere Weise nahezukommen und mit einigen Fragen dem auf die Spur kommen, was unser großer Reformator uns heute noch zu sagen haben könnte.
Sie können die Fragen auf Kärtchen schreiben oder sie auch mündlich stellen und die Teilnehmenden zu einem Gespräch darüber einladen. Besonders schön ist das natürlich, wenn man Karten mit Luthermotiven hat, wie es das Beispiel (siehe S. 116) zeigt. Hier die Fragen:

- *Welche Aktivität oder welches Engagement von Kirche finden Sie besonders wichtig?*
- *Welche Aktivität oder welches Engagement sollte Kirche besser lassen?*
- *Welche Eigenschaften oder Fähigkeiten erwarten Sie unbedingt von einem Pfarrer oder einer Pfarrerin?*

- *Wenn Sie das Thema für einen Gottesdienst festlegen dürften, welches Thema würden Sie wählen?*
- *»Ein gute Wehr und Waffen« – ist das noch ein gutes Bild für Gott? Welches würden Sie wählen?*
- *»Mönchlein, Mönchlein, du gehst einen schweren Gang!« – zu wem würden Sie diesen Satz heute sagen?*
- *»So halten wir nun dafür, dass der Mensch gerecht werde ohne des Gesetzes Werke, allein aus Gnade!« – das war für Luther ein besonders wichtiger Satz in der Bibel. Welcher Satz der Bibel ist für Sie sehr wichtig geworden im Leben?*
- *Heute wird viel Arbeit auf ehrenamtliche Mitarbeiter verlagert. Wie stehen Sie dazu, dass der Pastor / die Pastorin nicht mehr alles selbst macht?*
- *»Woran du nun dein Herz hängst, das ist eigentlich dein Gott!« – das hat Luther gesagt. Was denken Sie, woran hängen Menschen heute ihr Herz zu sehr?*
- *»Ein feste Burg ist unser Gott« – sicher das bekannteste Lutherlied in unserem Gesangbuch. Welches Lied aus dem Gesangbuch mögen Sie besonders gerne?*
- *Die Schlosskirche zu Wittenberg hatte für Luther große Bedeutung. Welche Kirche hat für Sie eine große Bedeutung?*
- *Luther ist von seiner Reise nach Rom nachhaltig beeindruckt und beeinflusst worden. Welche Reise hat Sie selbst besonders beeindruckt oder beeinflusst?*
- *Luthers Vater wollte, dass sein Sohn Jura studiert. Was wollten Sie selbst ursprünglich einmal werden? Sind Sie das geworden?*

- *Luther hat die Thesen an die Schlosskirche zu Wittenberg geschlagen, um mit anderen Theologen und mit seinen Mitmenschen über Missstände ins Gespräch zu kommen. Worüber würden Sie heute gerne mit Ihren Mitmenschen ins Gespräch kommen?*
- *Philipp Melanchton war Luthers Mitstreiter. Mit wem würden Sie gerne näher zusammenarbeiten und in welcher Angelegenheit?*
- *Die Lutherrose ist Luthers Siegel und kann als Zusammenfassung seiner Theologie verstanden werden. Haben Sie auch ein Siegel oder ein Wappen? Beschreiben Sie es uns doch bitte.*
- *Luther wollte, dass sich in der Kirche etwas ändert. Was müsste heute in der Kirche geändert werden?*
- *Was müsste geschehen, damit Sie einen Gottesdienst unter Protest verlassen?*

Die Liste der Fragen ist sicherlich erweiterbar. Ich rege aber dazu an, lieber einige Fragen intensiv zu bearbeiten, als viele schnell durchzugehen.

Dauer: 45 Minuten

Material: die Karten mit den Fragen oder nur die Liste mit den Fragen (CD-ROM)

INFORMATION

LUTHERROSE

In einem Brief vom 8. Juli 1530 schrieb Luther an Lazarus Spengler, die Lutherrose sei

»ein Merkzeichen meiner Theologie. Das erst sollt ein Kreuz sein, schwarz im Herzen, das seine natürliche Farbe hätte, damit ich mir selbst Erinnerung gäbe, daß der Glaube an den Gekreuzigten uns selig machet. Denn so man von Herzen glaubt, wird man gerecht. Ob's nun wohl ein schwarz Kreuz ist, mortifizieret und soll auch wehe tun, dennoch läßt es das Herz in seiner Farbe, verderbt die Natur nicht, das ist, es tötet nicht, sondern erhält lebendig ... Solch Herz aber soll mitten in einer weißen Rosen stehen, anzuzeigen, daß der Glaube Freude, Trost und Friede gibt, darum soll die Rose weiß und nicht rot sein; denn weiße Farbe ist der Geister und aller Engel Farbe. Solche Rose stehet im himmelfarben Felde, daß solche Freude im Geist und Glauben ein Anfang ist der himmlische Freude zukünftig, jetzt wohl schon drinnen begriffen und durch Hoffnung gefasset, aber noch nicht offenbar. Und in solch Feld einen goldenen Ring, daß solch Seligkeit im Himmel ewig währet und kein

Ende hat und auch köstlich über alle Freude und Güter, wie das Gold das höchste, köstlichste Erz ist.« (– WA, Luthers Briefwechsel, 5. Band, S. 444f. (Nr. 1628): [2]. https://de.wikipedia.org/wiki/Lutherrose)

Dauer: 5 Minuten

Material: ein Bild der Lutherrose zum Zeigen oder für jeden Teilnehmenden ausgedruckt (CD-ROM)

KREATIVES

ZUM AUSMALEN

Kopieren Sie das Bild der Lutherrose in Schwarz-Weiß für die Teilnehmenden. Mit Buntstiften soll das Bild nun in den entsprechenden Farben ausgemalt werden. Wenn die Farben schön kräftig aufgetragen werden, sieht das Ergebnis besonders schön aus. Nach dem Malen wird das Bild von der Rückseite mit Speiseöl bestrichen und eine Weile auf Küchenkrepp zum Trocknen ausgelegt. Dann kann das Papier so gefaltet oder gebogen werden, dass man ein Teelicht dahinter stellen kann. Durch die Bearbeitung mit dem Öl ist das Papier nun transparent geworden und das Licht scheint durch.

Dauer: 20 Minuten, Zeit zum Trocknen einplanen

Material: die kopierte Lutherrose (CD-ROM) pro Teilnehmer, Buntstifte, Anspitzer, Speiseöl, Pinsel, Küchenrollen, Papier zum Auslegen

MONATSTHEMA NOVEMBER
Judentum

Das Thema »Judentum« für die Arbeit mit Senioren aufzubereiten, ist kein leichtes Unterfangen. Es ist ja zu bedenken, dass ein heute 90-jähriger Mensch in seiner primären und sekundären Sozialisation mit antisemitischem Gedankengut aufgewachsen sein wird. Wie sorgfältig das in späteren Jahren aufgearbeitet worden ist, wird individuell sehr unterschiedlich sein. Auch die mögliche eigene Verstrickung in die Verfolgung der Juden während des Dritten Reiches, vielleicht gar eine Mittäterschaft oder das Wegschauen machen das Vorhaben nicht leicht. Es soll ja in der Beschäftigung mit dem Thema nicht zur Anklage oder zur Blamage kommen. Vielmehr möchte ich mit meiner Vorgehensweise erreichen, dass deutlich wird, wie viele Gemeinsamkeiten es zwischen Juden und Christen gibt und wie sehr das Alte Testament von Grunderfahrungen von Menschen spricht, die viele von uns so oder so auch gemacht haben. Es soll deutlich werden, dass das Christentum im Judentum seine Wurzeln hat, dass Jesus Jude war und dass er seine Bilder und Gleichnisse aus dieser Religion geschöpft hat.

EIGENE ANNÄHERUNG AN DAS THEMA

Wie gut kennen Sie sich mit dem Judentum aus? Gibt es in Ihrer Nähe eine jüdische Gemeinde, aus der Sie jemanden einladen könnten? Wie schätzen Sie das Interesse Ihrer Gruppe für dieses Thema ein? Wird es Menschen geben, die noch in dem alten Gedankengut verhaftet sind? Könnten Sie damit umgehen? Wo könnten Sie sich Hilfe holen? Gibt es in Ihrer Medienstelle Bildmaterial, das Sie nutzen könnten?

MEDITATION

Besorgen Sie sich eine Baumwurzel oder ein Bild eines mächtigen Baumes und erläutern Sie daran, was ich Ihnen als Einleitung zu diesem Monat aufgeschrieben habe. Fragen Sie die älteren Menschen auch danach, wo sie selbst ihre Wurzeln haben. Lassen Sie viel Zeit für den Austausch.

Dauer: 15 Minuten

Material: eine Baumwurzel oder ein Bild eines Baumes

ERZÄHLIMPULS

Aus den oben genannten Gründen habe ich mich bei der Aufbereitung des Themas für einen Impuls entschieden, der vor allem Gemeinsamkeiten betont und dazu einlädt, von sich zu erzählen. Dieses Erzählen soll jeweils durch Karten eingeleitet werden, bei denen auf der Vorderseite Bilder und auf der Rückseite Fragen stehen.
Die Karten liegen mit der Bildseite nach oben auf einem Tisch, auf dem sich jeweils fünf bis sechs Teilnehmende

versammelt haben. Der älteste Teilnehmende beginnt und deckt eine Karte auf, die ihn vom Bild her besonders anspricht. Dann liest er die Frage vor und beantwortet sie. Wenn es eine Frage ist, die der Teilnehmende hier und jetzt nicht beantworten möchte, kann die Karte ohne Angabe von Gründen zurückgelegt und eine andere Karte gewählt werden. Ist zu dieser Karte von dem Teilnehmenden genug erzählt worden, kann die Frage noch an die ganze Runde weitergegeben werden. Sind alle Karten aufgedeckt und ist zu allen Karten erzählt worden, ist die Erzählrunde zu Ende. Die Fragen sind so gestaltet, dass zunächst etwas aus dem jüdischen Glauben oder der jüdischen Kultur erzählt wird und dann nach eigenen, ähnlichen Erfahrungen oder Vorstellungen gefragt wird. Die Frage nach den eigenen Erfahrungen ist kursiv gedruckt. Auf die Rückseite jeder Bildkarte gehören also zwei Spiegelstriche, also der Text, der jeweils von dem Rahmen (siehe Abb. S. 127) umgeben ist. Hier nun mein Vorschlag für die Fragen, die Sie aber bitte vor dem Einsatz in Ihrer Gruppe dahin gehend überprüfen sollten, ob sie für diese Gruppe passend sind.

- Was wir Christen Altes Testament nennen, ist für die Juden ihr wichtigstes Buch, das sie in hohen Ehren halten.
- *Welche alttestamentlichen Bibelstellen finden Sie wichtig und interessant?*

- Die Geschichte von Josef und seinen Brüdern im Alten Testament ist auch eine Geschichte von Rivalität zwischen Geschwistern.
- *Erzählen Sie von Ihren Geschwistern und dem Verhältnis untereinander.*

- Esau ist von Jakob um sein Erstgeburtsrecht betrogen worden. Und es ist eine Geschichte darüber, dass Gott wieder gut macht, was Menschen angerichtet haben.
- *Haben Sie auch schon einmal so etwas erlebt, dass etwas Böses sich in etwas Gutes verwandelt hat?*

- Noah erhält von Gott die Aufgabe, die Arche zu bauen, um sich, seine Familie und Tiere vor der Sintflut zu bewahren.
- *Welche wichtige Aufgabe haben Sie in Ihrem Leben zu bewältigen gehabt?*

- Den Juden ist das Gebet »Shma Jsrael« – »Höre Israel, der Herr unser Gott ist ein einziger Gott« das Herzstück. Sie beten es dreimal am Tag.
- *Welches Gebet ist Ihnen besonders wichtig?*

- Ein jüdischer Junge erlebt im Alter von 13 Jahren die Bar Mitzwa und wird damit vollwertiges Mitglied der Gemeinde. Bei Mädchen heißt die Feier Bat Mitzwa.
- *Unsere Konfirmation ist ja eine ähnliche Feier. Erzählen Sie uns von Ihrer Konfirmation.*

- Bei einer jüdischen Trauung wird am Ende ein Glas zertreten zur Erinnerung daran, dass Freude und Nachdenklichkeit nahe beieinander sind.
- *An welche Hochzeitsbräuche erinnern Sie sich?*

- Die Juden haben strenge Speisegebote, sowohl was die Auswahl der Lebensmittel als auch was die Zubereitung betrifft.

- *Gibt es in Ihrer Familie auch bestimmte Regeln beim Kochen und Essen? Erzählen Sie davon.*

- Die Juden mussten oft fliehen, weil sie immer wieder grausam verfolgt wurden und ihnen das Lebensrecht abgesprochen wurde.
- *Konnten Sie immer in dem Land bleiben, in dem Sie aufgewachsen sind?*

- Häufig wurden die Juden in bestimmte Berufe gedrängt, die ihrem Ruf nicht gerade förderlich waren. So waren sie besonders häufig Geldverleiher und Viehhändler.
- *Konnten Sie den Beruf erlernen und ausführen, den Sie sich gewünscht haben?*

- Für die Juden sind Schule und Bildung sehr wichtig. Sie halten auch den Glauben aufrecht.
- *Wie sah Ihr Bildungsweg aus?*

- Der Tempel in Jerusalem war für die Juden ein zentraler und heiliger Ort, der der Mittelpunkt ihres Glaubens war.
- *An welcher Kirche hängen Sie sehr und warum ist das wohl so?*

- Beim Gebet legen sich die Juden Gebetsriemen an, tragen einen Gebetsschal, ein Käppchen.
- *Wie beten Sie üblicherweise?*

- Im 1. Buch Mose wird das Alter von Methusalem mit 969 Jahren angegeben. Eine Zahl, die sicher symbolisch zu verstehen ist.

- *Wie alt ist der älteste Mensch, den Sie persönlich kennengelernt haben?*

- Heute gibt es in vielen Städten Synagogen, die man auch besuchen kann.
- *Haben Sie schon einmal eine Synagoge besucht? Erzählen Sie davon.*

- Der Davidstern und der siebenarmige Leuchter sind Symbole des Judentums, die überall sofort erkannt werden.
- *Welche Zeichen und Symbole gehören zu Ihrem Glauben?*

- Die Gebote besagen, dass man sich um die älteren Menschen kümmern soll. Besonders das vierte Gebot formuliert das.
- *Erzählen Sie uns von Ihren Eltern.*

- Im Holocaust haben die Juden, also deutsche Mitbürger, unendliches Leid tragen müssen. Etwa sechs Millionen Menschen sind dabei umgekommen.
- *Mit welchem Leid, das Menschen in der Vergangenheit oder in der Gegenwart tragen mussten oder müssen, haben Sie besonderes Mitleid?*

- Der gängige Gruß unter den Juden ist »Shalom«, was wir oft mit »Frieden« übersetzen, was aber viel mehr heißt, nämlich auch Heil, Gesundheit, Wohlfahrt, Unversehrtheit, Sicherheit und Ruhe.
- *Wie grüßen Sie Ihre Mitmenschen gerne und was wünschen Sie Ihnen damit?*

- Unter den jüdischen Festen gibt es das Fest Simchat Thora, das Fest der Freude am Gesetz. Es wird dazu gesungen und getanzt.
- *Welche Feste und Feiern mögen Sie gerne?*

- Man kann auch zum Judentum übertreten, aber Jude ist man zuerst, wenn man eine jüdische Mutter hat.
- *Erzählen Sie uns von Ihrer Mutter!*

- Das Judentum hat viele bedeutende Philosophen, Dichter und Denker hervorgebracht. Albert Einstein, Martin Buber, Paul Celan, Franz Kafka, Siegmund Freud, Marcel Reich-Ranicki gehören dazu.
- *Kennen Sie selbst Menschen jüdischen Glaubens?*

- In den Psalmen bringen die Juden singend und betend Klage und Lob, Bitte und Dank vor Gott.
- *Welchen Psalm mögen Sie besonders?*

- Viele Erfindungen, die wir heute nutzen, verdanken wir jüdischen Forschern. Das Aspirin, den Kugelschreiber, Tempo-Taschentücher, die Anti-Baby-Pille, das Solarfenster, den USB-Stick, die Cherry-Tomate, medizinische Kameras, Bewässerungssysteme.
- *Welche dieser Erfindungen finden Sie beeindruckend?*

(Bis hierhin auch in: Sich besser verstehen – Christsein im Angesicht des Judentums, Arbeitshilfe der Evangelisch-Lutherischen Landeskirche Hannovers, 2016)

Dauer: 60 Minuten

Material: Bilder mit passenden Motiven, auf deren Rückseite die Fragen stehen (Beispiele hierzu auf der CD-ROM), möglichst noch ein Lexikon zum Judentum, um Fragen rasch beantworten zu können

SAMMELAUFGABE

Lassen Sie die Teilnehmenden nach Wörtern suchen, die wir in unserer deutschen Sprache aus der hebräischen Sprache übernommen haben. Die Länge der Liste zeigt eindrücklich, wie sehr die beiden Kulturen miteinander verwoben sind. So könnte die Liste aussehen:

Mischpoke – *Verwandtschaft*
Reibach – *Zinsen*
Bammel – *Angst*
Schlamassel – *missliche Lage*
Moos – *Geld*

Betucht	–	*sicher, vertrauenswürdig, wohlhabend*
Ganove	–	*stehlen*
Hechtsuppe	–	*starker Wind*
Kaff	–	*Dorf*
Koscher	–	*tauglich, gesund*
Maloche	–	*schwere Arbeit*
Meschugge	–	*verrückt*
Ramsch	–	*Betrug, wertloses Zeug*
Angeschickert	–	*betrunken*
Schmiere stehen	–	*Wache*
Tacheles reden	–	*offen und deutlich sprechen*
Zocken	–	*spielen*
Zoff	–	*Zank, Streit, Unfrieden*

Diese Internetseite hat mir bei der Zusammenstellung geholfen und bietet noch weitere Beispiele: https://de.wikipedia.org/wiki/Liste_deutscher_W%C3%B6rter_aus_dem_Hebr%C3%A4ischen_und_Jiddischen.

MONATSTHEMA DEZEMBER
Geschenke

Die Adventszeit ist für viele ältere Menschen keine leichte Zeit. Die Familienidylle, die vielfach beschworen wird, macht vielen deutlich, dass sie alleine sind, keine Familie mehr haben oder mit der Familie zerstritten sind. Umso wichtiger ist ein schönes Miteinander im Seniorenkreis oder der Beschäftigungsrunde. Liebevoll gedeckte Tische werden die Menschen erfreuen und ihnen eine schöne Stunde schenken.

EIGENE ANNÄHERUNG AN DAS THEMA

Wie gehen Sie selbst mit der Adventszeit um? Wie geht es Ihren Teilnehmenden damit? Sind noch viele in die Familie eingebettet? Wie viele Adventsfeiern werden im Umkreis der älteren Menschen angeboten? Gibt es spezielle Gottesdienste für ältere Menschen in Ihrer Gemeinde oder könnten Sie zusammen mit der Gruppe einen Gottesdienst zum Advent anbieten?

RATESPIEL

DER WEIHNACHTSMANN IST SO VERGESSLICH.

Lesen Sie den Teilnehmenden die folgenden Angaben langsam und deutlich vor. Fordern Sie die Teilnehmenden auf, sich möglichst viele Details zu merken.

1. *Der Weihnachtsmann hat in seinem Bezirk, für den er die Geschenke austeilen muss, sage und schreibe 13.421 Haushalte zu besuchen.*
2. *Zählt man den Wert all der Geschenke zusammen, die er vergibt, kommt dabei die Summe von 1 Million 697 Tausend 525 Euro heraus.*
3. *Begleitet wird er bei seinem Auftrag von 8 Rentieren. Eines wiegt 125 kg.*
4. *Obwohl man doch eigentlich wissen müsste, dass er nichts trinkt, wird ihm 854-mal ein Glas Grog angeboten.*
5. *Seine Arbeitszeit an diesem Tag beträgt 23,5 Stunden.*

Singen Sie dann eine Strophe eines weihnachtlichen Liedes, das alle auswendig können. Das geschieht zur Ablenkung und Zerstreuung.

Stellen Sie dann die folgenden Fragen:

1. *Wie lange arbeitet der Weihnachtsmann am Heiligen Abend?*
2. *Wie viele Haushalte muss er besuchen?*
3. *Wie oft wird ihm ein Grog angeboten?*
4. *Was wiegt ein Rentier?*
5. *Wie viele Rentiere sind vor dem Schlitten?*
6. *Wie hoch ist der Wert all der Geschenke, die er verteilt?*

Dauer: 10 Minuten

Material: die kleine Geschichte und die Fragen dazu (CD-ROM)

DER NUSSKNACKER

Als ich noch ein kleines Mädchen war, gab es in jedem Jahr zu Weihnachten ein Problem. Der Nussknacker war weg. Manchmal hatten wir ihn in der Adventszeit schon gehabt, aber pünktlich zum Fest war er weg. Einmal hatte meine Mutter ihn sogar mit einem reißfesten Faden an der Besteckschublade festgebunden, dennoch war er weg, von irgendjemandem mit einer Schere frevelhaft entfernt. So mussten wir andere Möglichkeiten ausprobieren, die Nüsse zu knacken, die doch unbedingt zu Weihnachten gehören. Mein Vater ging in die Werkstatt und benutzte die Schraubzwinge, aber das Ergebnis war mäßig. Ein Brei aus Schalen und Nüssen. Die Katzen spielten Fußball mit den Nüssen, aber davon gingen sie auch nicht auf. Ich wollte den Hammer nehmen, aber das wurde sofort verboten. Meine Mutter versuchte, die Walnüsse mit einem Messer zu öffnen, aber das war zu gefährlich. Also gab es eben keine Nüsse.

Als ich dann erwachsen war, habe ich praktischerweise einen Mann geheiratet, der gegen Nüsse allergisch ist. So zog dieses Problem also nicht mit um in mein eigenes Haus.

Dann hatte ich einmal zu Weihnachten die verwegene Idee, meinem persönlichen Hirten, also meinem Mann, Karten für das Ballett »Der Nussknacker« zu schenken. Bei einer Reise nach Dresden, die wir für den Jahreswechsel geplant hatten, sollte das der Höhepunkt werden. Die Bestellung der Karten klappte bestens. Aber ich hätte an die Probleme mit dem Nussknacker in meiner Familie denken müssen, denn die Karten kamen und kamen nicht an. Jeden Tag um die Zeit, zu der der Postbote üblicherweise kam, lungerte ich

im Flur herum. Mein Mann sollte den Umschlag ja auf keinen Fall in die Hände bekommen. Dann wäre meine schöne Überraschung ja keine mehr gewesen. Beim Absender »Semperoper« hätte er ja gleich alles gewusst.
Schließlich war es nur noch ein einziger Tag bis zum Heiligen Abend. Und wieder hatte der Postbote nichts für mich. Also bastelte ich notgedrungen einen Gutschein und kaute an meiner Enttäuschung herum. Ob am Heiligen Abend überhaupt noch Post zugestellt werden würde? Und wäre der Brief mit den Karten dabei?
Schließlich war der Tag der Tage da. Nun ist er in einem Pfarrhaushalt ohnehin schon ein sehr unruhiger Tag, aber heute war es kaum auszuhalten. Der Postbote kam und zwinkerte mir zu. Mir fielen die Nüsse wie Steine vom Herzen. Die Karten waren da und ich freute mich schon auf das Gesicht meines Mannes, der sich gewiss freuen würde.
Ich glaube, an dem Tag bin ich endgültig erwachsen geworden. Und die Aufführung in der Dresdener Semperoper war einfach zauberhaft.

Vorlesedauer: 7 Minuten

Material: die Geschichte und ein Korkenzieher zum Anschauen

ERZÄHLIMPULS

ERZÄHLSPIEL ZU GESCHENKEN

Suchen Sie sich verschieden gemusterte Geschenkpapiere und bekleben Sie damit feste Pappe. Auf die Rückseite schrei-

ben Sie Fragen rund um das Thema Geschenke. Die Karten liegen dann mit der Bildseite nach oben auf dem Tisch, um den sich die Teilnehmenden versammelt haben. Einer zieht eine Karte, liest die Frage vor und erzählt dazu, was ihm oder ihr einfällt.
So könnten die Fragen aussehen:

- *Erzählen Sie von einem schönen Geschenk, das Sie einmal bekommen haben!*
- *Erzählen Sie von einem verunglückten Geschenk!*
- *Meine Mutter hat einmal ein Geschenk so gut versteckt, dass sie es selbst nicht mehr finden konnte. Haben Sie etwas Ähnliches erlebt?*
- *Nach Weihnachten tauschen viele ihre Geschenke um. Wie finden Sie das?*
- *Zu Weihnachten Geld zu schenken, wie finden Sie das?*
- *Wie war das mit den Weihnachtsgeschenken, als Sie noch ein Kind waren?*
- *Gab es zu Weihnachten auch eine Rute? Erzählen Sie davon!*
- *Wo lagen die Weihnachtsgeschenke, wenn Sie ins Weihnachtszimmer gekommen sind?*
- *Wie war das mit dem Wunschzettel?*
- *Wie war die Reihenfolge der Dinge am Heiligen Abend?*
- *Gab es in Ihrer Familie besondere Rituale beim Auspacken der Geschenke?*

Dauer: 30 Minuten

Material: die Karten mit den Fragen (CD-ROM) auf der Rückseite

DREI KINDER, DREI GESCHENKE

Kinder freuen sich auf Weihnachten. Sie zählen die Nächte, die sie noch schlafen müssen, bis das große Fest beginnt. Sicherlich hat die Freude etwas mit den Geschenken zu tun, die sich die Kinder an Weihnachten erhoffen. Aber es ist auch spannend, den Eltern die Geschenke zu überreichen, die sie sich in den Tagen und Wochen vorher ausgedacht haben. So ging es auch Knut, Grete und Felix. Knut war zehn Jahre alt und konnte schon sehr gut mit der Laubsäge umgehen. Er gestaltete für Vater und Mutter ein Bild von einem Reh vor einem Nadelwald. In seinem Zimmer sägte und schliff er immer dann, wenn er sicher sein konnte, dass ihn niemand stören würde. Grete war im November acht Jahre alt geworden und hatte im Handarbeitsunterricht gerade den Kreuzstich gelernt. In dieser Technik wollte sie für die Mutter ein kleines Deckchen sticken. Einmal hatte sie beim Sticken nicht richtig aufgepasst und das Deckchen an ihrer Schürze festgenäht. Die Tränen standen ihr in den Augen, weil sei nun die Arbeit der letzten Stunden wieder auftrennen musste. Felix war erst 5 Jahre alt und ging seit einem Jahr in den Kindergarten. Er musste lange nachdenken, was er denn für die Eltern basteln könnte. Schon wieder ein Bild malen, das fand er langweilig. Dann fiel ihm ein, dass seine Mutter neulich gesagt hatte, die Leberwurst von Schlachter Popken (hier sollten Sie den Namen des Schlachters in Ihrer Nähe einfügen – so wird die Geschichte lebendiger) sei das Beste, was es gäbe. Also schaute er in seine Spardose, wo er 2 Euro zusammenkratzen konnte. Mehr konnte doch so eine Leberwurst nicht kosten. Es war zwar erst der Mon-

tag nach dem 1. Advent, aber was er besorgt hatte, darum bräuchte er sich nicht mehr zu kümmern. Er zog sich seine Jacke an, setzte die Mütze auf und ging los. Natürlich hat er Mutter vorher Bescheid gesagt. Beim Schlachter wurde Felix sehr freundlich bedient. Er bekam sogar ein Endstück. Das machte richtig was her. Und seine 2 Euro reichten gut aus. Er verriet nicht, dass die Wurst ein Weihnachtsgeschenk sein sollte. Schließlich kaufte Mutter dort auch oft ein und vielleicht würde die Verkäuferin sein Geheimnis verraten. Wieder zu Hause angekommen versteckte er die Wurst in seinem Zimmer so gut, dass Mutter sie gewiss beim Aufräumen nicht finden würde. Im Regal neben dem Schornstein war es schön warm. Dort konnte die Leberwurst gut liegen. Eine Woche später fragte Mutter ihn, ob er sein Pausenbrot für den Kindergarten nicht gegessen hätte. In seinem Zimmer sei so ein merkwürdiger Geruch. Aber Felix protestierte. Er habe immer alles aufgegessen. So öffnete Mutter nur das Fenster, aber der Geruch blieb.

Schließlich war der Heilige Abend gekommen. Knut erntete bei der Bescherung viel Lob für seine Laubsägearbeit und auch Gretes Deckchen sorgte für viel Freude. Sie hatte es auch wirklich sehr schön gearbeitet. Felix hatte mit Absicht bis zum Ende gewartet, um Mutter die Leberwurst zu überreichen. Voller Stolz kam er mit dem Geschenk auf einem Teller ins Weihnachtszimmer. Inzwischen hatte sich auf dem Anschnitt der Wurst ein weißer Flaum gebildet, der so aussah, als wäre es der Bart vom Weihnachtsmann. Nur einen winzigen Moment verzog Mutter das Gesicht, als sie ihr Geschenk überreicht bekam. Dann flitzte sie in die Küche und holte eine Glasschüssel. »So etwas Feines muss unter Glas!«, sagte sie und nahm ihren Felix ganz fest in

den Arm. »Du hast mir eine große Freude gemacht! Danke, mein Schatz!«, sagte sie.
Vater meinte, es sei doch mit den Kerzen am Tannenbaum sehr warm geworden und machte für einen Moment die Fenster auf.

Vorlesedauer: 10 Minuten

Material: die Geschichte

SONDERTHEMEN
Einheiten ohne jahreszeitliche Zuordnung

Alter und Altern

Eigentlich merkwürdig, dass mir dieses Thema nicht schon viel früher einmal für eine Einheit in der Seniorenarbeit eingefallen ist. »Das Alter« bietet sich doch als Thema geradezu an. Um also über die Lebensphase ins Gespräch zu kommen, in der sich die Teilnehmenden befinden und für die sie sozusagen Experten sind, habe ich Ihnen einige Vorschläge zusammengestellt, die sich aus meiner Sicht eignen, über das Alter zu reden.

EIGENE ANNÄHERUNG AN DAS THEMA

Wie ist Ihre eigene Einstellung zum Alter? Haben Sie Kontakte zu Menschen verschiedener Altersgruppen oder leben Sie überwiegend in Ihrer eigenen Altersgruppe? Wie alt sind die Menschen in Ihrer Familie geworden? Was für Beschwernisse hatte das Alter?

GESPRÄCHSIMPULS

SPRÜCHE ZUM THEMA ALTER UND ALTERN

Drucken Sie die folgenden Sprüche (oder auch weitere, die Sie selbst gefunden haben) in großer Schrift aus oder fassen Sie sie auf zwei DIN-A4-Seiten zusammen. Dann sollen die Teilnehmenden einen Spruch wählen, der sie – positiv oder negativ betrachtet – besonders anspricht. Sicherlich kommt die Runde darüber ins Gespräch, was die Sprüche so aussagen und welche Bilder vom Alter sie vermitteln. Hier nun eine Auswahl von Sprüchen meinerseits für Sie:

- *Wie jede Blüte welkt und jede Jugend dem Alter weicht, blüht jede Lebensstufe.*
  Hermann Hesse

- *Das Alter ist für mich kein Kerker, sondern ein Balkon, von dem man zugleich weiter und genauer sieht.*
  Marie Luise Kaschnitz

- *Die Tragödie des Alters besteht nicht darin, dass man alt geworden ist, sondern dass man jung bleiben will.*
  Oscar Wilde

- *Wie alt man geworden ist, sieht man in den Gesichtern derer, die man jung gekannt hat.*
  Heinrich Böll

- *Wer sich bemüht, Jugend und Alter zu vermischen, wird wohl körperlich altern, aber nie geistig.*
  Cicero

- *Je älter die Geige, desto schöner der Klang.*
  Keltisch

- *Wer in der Jugend Bäume pflanzt, kann sich im Alter in deren Schatten setzen.*
  Afrikanisch

- *Unter den Menschen sind die Alten die besten, unter den Kleidern die neuen.*
  Chinesisch

- *Wer das Alte wegwirft, wird das Neue nicht lange behalten.*
  Aus Korea

- *Alt werden möchten alle, aber niemand will alt genannt werden.*
  Aus Irland
- *Hat der Abend auch keine Sonne, so hat er doch Sterne. Der Abend des Lebens bringt seine eigene Lampe mit.*
  Aus Persien
- *Vom Standpunkt der Jugend aus gesehen ist das Leben eine unendlich lange Zukunft; vom Standpunkt des Alters aus eine sehr kurze Vergangenheit.*
  Arthur Schopenhauer
- *Gebücktes Alter spricht viele Sprachen.*
  Aus Afrika
- *Willst du wissen, wie man jung bleibt? Ich verrate dir das Geheimnis: Anständig leben, langsam essen und nie dein wahres Alter verraten.*
  Lucille Ball (100 Jahre alt)
- *Drei Dinge passieren jedem, der mein Alter erreicht. Zuerst schwindet das Gedächtnis. Die beiden anderen habe ich vergessen.*
  Lord Healey
- *Der Vorteil des Alters besteht darin, dass man die Dinge nicht mehr begehrt, die man sich früher aus Geldmangel nicht leisten konnte.*
  Walter Matthau
- *Bei Vierzig beginnt das Altsein der Jungen, bei Fünfzig beginnt das Jungsein der Alten.*
  Victor Hugo

- *Jung ist, wer in Erwartungen – alt ist, wer in Erinnerungen träumt.*
  Johann Nepomuk Nestroy
- *Der Jugend wird der Vorwurf gemacht, sie glaube immer, dass die Welt mit ihr erst anfange. Aber das Alter glaubt noch öfter, dass mit ihm die Welt aufhöre.*
  Friedrich Hebbel
- *Wenn du sehr alt werden willst, musst du beizeiten anfangen.*
  Aus Spanien
- *Vielleicht muss man sehr alt sein, bevor man lernt, sich über die Jungen zu amüsieren statt empört zu sein.*
  Pearl S. Buck
- *Junge Leute glauben, dass die Alten Narren sind. Alte Leute wissen, dass die Jungen Narren sind.*
  Aus Korea
- *Verehre deine Großmutter. Ohne sie hättest du keine Mutter.*
  Aus Südafrika
- *Wenn der Löwe alt wird, verspotten ihn die Hunde.*
  Aus Äthiopien
- *Was ein Alter im Sitzen sieht, kann ein Junger nicht einmal im Stehen erblicken.*
  Aus Nigeria
- *Wenn der Junge wüsste und der Alte könnte, gäbe es nichts, was nicht vollbracht würde.*
  Aus Italien
- *Was man in diesem Alter für ein gutes Leben braucht?*

Gut geratene Söhne, genügend Aprikosen, ein paar Ziegen und eine gute Ausbildung.
105-jähriger Mann aus Pakistan

- *Wer will schon 90 werden? Jeder 89-Jährige.*
  Winston Churchill

- *Wer dumm ist und nichts gelernt hat, faselt mit 70 noch geradeso wie mit 17.*
  Theodor Fontane

- *In Kürze werde ich 70 Jahre alt. Früher hatte ich ein glattes Gesicht und trug einen Faltenrock. Heute ist es umgekehrt.*
  Verfasserin unbekannt

- *Das größte Übel der heutigen Jugend besteht darin, dass man nicht mehr dazugehört.*
  Salvador Dali

- *Wer am Alten hängt, der wird nicht alt.*
  Günter Kunert

- *Jedes Mal, wenn ein alter Mensch stirbt, ist es, als brenne eine ganze Bibliothek ab.*
  Aus dem Senegal

- *Erinnerungen sind dazu da, dass wir Rosen im Winter haben.*
  Aus Israel

- *Mancher Kranke stirbt am Herzversagen seiner Mitmenschen.*
  Hermann Kersten

- *Das Altern ist unheilbar.*
  Aus Nigeria

- *Schildkröten können mehr über den Weg erzählen als Hasen.*
  Aus Asien

Dauer: 30 Minuten

Material: Die Sprüche einzeln und groß oder eine Liste mit den Sprüchen (CD-ROM), ggf. einen Stift pro Teilnehmer

ERZÄHLIMPULS

FRAGEN RUND UM DAS ALTER

Besorgen Sie sich schöne Bilder von einzelnen alten Menschen oder auch von Gruppen alter Menschen, möglichst mit verschiedenen Aktivitäten und in verschiedenen Verfassungen. Auf die Rückseite der Bilder schreiben Sie die folgenden Fragen. Die Karten liegen mit der Bildseite nach oben auf dem Tisch, um den sich die Teilnehmenden versammelt haben. Einer deckt eine Karte auf und liest die Frage vor, die dann zunächst von ihm und dann noch von der versammelten Runde beantwortet werden soll.

- *Was würden Sie sagen, sind die Vorzüge des Alters?*
- *Was genießen Sie im Alter besonders?*
- *Worauf blicken Sie im Alter mit ein wenig Wehmut zurück?*
- *An welche Möglichkeiten der Jugend denken Sie gerne?*
- *Wie geht für Sie dieser Satz weiter: »Die heutige Jugend ist …«?*
- *Welche Vorstellung vom Alter hatten Sie, als Sie noch jung waren?*

- *Wann beginnt Ihrer Meinung nach das Alter?*
- *Wie haben Sie als junger Mensch alte Menschen wahrgenommen?*
- *Alter und Weisheit – gehört das für Sie zusammen?*
- *Viele sagen ja, man würde mit dem Alter gelassener. Stimmt das aus Ihrer Sicht?*
- *Wann haben Sie sich zum ersten Mal in Ihrem Leben alt gefühlt?*
- *Wie alt wurde der älteste Mensch, den Sie gekannt haben?*
- *Wie alt sind Ihre Eltern geworden?*

Weitere Fragen finden Sie gewiss selbst oder die versammelte Runde wirft weitere Fragen auf. Es sollten aber nicht zu viele Fragen sein. Vielmehr wäre es schön, über die einzelnen Fragen ausführlicher ins Gespräch zu kommen.

Dauer: 30 Minuten

Material: Bildkarten mit Motiven älterer Menschen mit den Fragen (CD-ROM) auf der Rückseite

SAMMELAUFGABE

Senioren sind heute eine wichtige Zielgruppe in der Werbung. Lassen Sie die Teilnehmenden möglichst viele Wörter suchen, die mit »Senioren« beginnen. Schreiben Sie die Nennungen an einem Flipchart oder einer Tafel mit. Diese Begriffe könnten genannt werden:

- *Seniorenresidenz*
- *Seniorenkreis*
- *Seniorentanz*
- *Seniorenteller*
- *Seniorenreisen*
- *Seniorenbeauftragte*
- *Seniorenarbeit*
- *Seniorenwohnung*
- *Seniorenbett*
- *Seniorenhandy*

- *Seniorenkarte*
- *Seniorenmannschaft*
- *Seniorenermäßigung*
- *Seniorenmeisterschaft*
- *Seniorengymnastik*

Dauer: 10 Minuten

Material: Beispielliste (CD-ROM), ggf. ein Flipchart zum Notieren der Nennungen, ein Stift

BUCHTIPP

Wilhelm Schmidt: Gelassenheit – was wir gewinnen, wenn wir älter werden, Insel Verlag, Frankfurt am Main 2014
Dieses Büchlein von Wilhelm Schmid geht in mehreren Schritten dem Gedanken nach, ob und wie wir im Alter an Gelassenheit gewinnen können. Die einzelnen Kapitel können vorgelesen und besprochen werden. Ich jedenfalls habe das Buch mit Gewinn gelesen.

GESCHICHTE ZUM VORLESEN

GROSSMUTTER, MUTTER, TOCHTER

Es ist schon bemerkenswert, wie sich der Blick auf das Alter im Laufe des Lebens verändert. Als ich noch ein kleines Mädchen war und in die Schule kam, war meine Großmutter etwa 50 Jahre alt. Sie war in meinen Augen eine uralte Frau. Weiße Haare, gebeugter Gang, altmodische Kleidung und noch viel altmodischere Ansichten. Nun gut, sie kam aus Schlesien und hatte schwere Jahre hinter sich mit der

Flucht aus der geliebten Heimat, mit vielen Sorgen und wenig Geld, aber das habe ich als Schulkind noch nicht wirklich verstanden.
Als ich heiratete, war meine Mutter 50 Jahre alt. Sie war in meiner Wahrnehmung nicht ganz so alt wie meine Großmutter damals, aber sie war auch nicht mehr ganz taufrisch. Sie zog sich nicht nach der neuesten Mode an, war nicht emanzipiert, nicht politisch interessiert.
Nun bin ich selbst schon über 50 Jahre alt und beim Nachrechnen der Lebensalter von Großmutter und Mutter zu den eben genannten Etappen meines Lebens bin ich doch erschrocken und bleibe einen Moment vor dem Spiegel stehen. Bin ich nun auch eine alte Frau? Gewiss, nicht nur die ersten Falten sind in meinem Gesicht zu sehen, die Haare sind nur dank regelmäßigen Färbens noch rot, aber ich bin doch an der Mode orientiert, kleide mich so, wie ich es attraktiv finde, stehe meine Frau in Arbeit und Gesellschaft.
Liegt es nur am Blickwinkel oder spielen noch andere Faktoren eine Rolle? Unsere Generation hatte es viel leichter im Leben. Wir mussten meistens körperlich nicht mehr so schwer arbeiten, hatten mehr Möglichkeiten zu lernen und unsere Ernährung war und ist viel besser, als die vorigen Generationen das erleben konnten. Und es steckt wohl auch eine gehörige Portion Arroganz dahinter, wenn wir uns selbst in den Jahren um die 50 nicht als alt ansehen.
Mir hat es jedenfalls gut getan, einmal auszurechnen, wer in unserer Familie wann wie alt war, aber auch zum Nachdenken gebracht darüber, wie unterschiedlich das Leben in den letzten beiden Generationen verlaufen ist.

Vorlesedauer: 5 Minuten

Material: die Geschichte

ERZÄHLEN

Lassen Sie, nachdem Sie diese Gedanken vorgelesen haben, Zeit dafür, dass die Teilnehmenden sich an ihre Eltern und Großeltern erinnern und ihren Blick auf das Alter bedenken.

Dauer: je nach Erzählfreude

Material: keines

Fernseher

Es geht um das Fernsehen, die dazu vorherrschenden Gewohnheiten, den ersten Fernseher, beliebte und weniger beliebte Sendungen und um einen Austausch darüber, welche Rolle die »Flimmerkiste« bei den einzelnen Teilnehmenden spielt.

EIGENE ANNÄHERUNG AN DAS THEMA

Wie gehen Sie mit dem Fernseher um? Welches sind Ihre liebsten Sendungen und was mögen Sie gar nicht sehen? Wie schätzen Sie das Fernsehverhalten Ihrer Gruppe ein? Haben Sie Kontakt zu einem Geschäft in Ihrer Nähe, das Fernseher verkauft und aus dem jemand in die Gruppe kommen könnte, um über seniorengerechte Apparate und Fernbedienungen zu erzählen?

SAMMELAUFGABE

SYNONYME

Lassen Sie zusammentragen, welche Ausdrücke es für den Fernseher oder das Fernsehen noch gibt. So könnte die Liste aussehen:

- *Flimmerkiste*
- *Glotze*

- *TV*
- *In die Röhre gucken*
- *Vor dem Fernseher sitzen*

Dauer: 5 Minuten

Material: Beispielliste (CD-ROM), ggf. ein Flipchart zum Notieren der Nennungen, ein dicker Stift

SAMMELAUFGABE

Lassen Sie möglichst viele Wörter suchen, die mit FERN beginnen. So könnte die Liste aussehen:

Fernseher, fern stehen, fern sein, fernsprechen, fern stehend, Fernsicht, Fernsprecher, Fernziel, Fernsehgerät, Fernsehsendung, Fernschreiben, Fernglas, Fernstudium, fernbleiben, Fernstraße, Fernsehapparat, Fernsprechzelle, Fernsprechbuch, Fernsehempfänger, Ferngespräch, Fernsprechnummer, Fernsprechapparat, Fernsprechverzeichnis

Zu beiden Aufgaben hilft diese Internetseite weiter: http://synonyme.woxikon.de/synonyme/fernsehen.php

Dauer: 5 Minuten

Material: ggf. ein Flipchart zum Notieren der Nennungen, ein dicker Stift

ERZÄHLIMPULS

ERZÄHLSPIEL RUND UMS FERNSEHEN

Besorgen Sie sich einen Prospekt oder Katalog von einer Verkaufsstelle für Fernseher und andere Medien. Kleben Sie geeignete Motive auf DIN-A6-Karten und beschriften

Sie diese auf der Rückseite mit den folgenden Fragen:

- *Welche Sendungen sehen Sie gerne im Fernsehen?*
- *Auf welche Sendungen können Sie gerne verzichten?*
- *Zurzeit nehmen Krimis überhand. Wie finden Sie das?*
- *Was halten Sie von den vielen Kochsendungen, die angeboten werden?*
- *Wie geht es Ihnen mit Sendungen, die häufig von Werbung unterbrochen werden?*
- *Wie viele Stunden sehen Sie üblicherweise pro Tag fern?*
- *Wie gefallen Ihnen Sendungen, die über eine Landschaft oder eine Region berichten?*
- *Wie geht es Ihnen mit Sendungen, die jeden Tag angeboten werden und die man auch jeden Tag sehen muss, um auf dem Laufenden zu bleiben?*
- *Wann haben Sie in Ihrer Familie den ersten Fernseher bekommen?*
- *Früher hat man sich zum Fernsehen besucht. Wie hat Ihnen das gefallen?*
- *Wie geht es Ihnen mit Sportübertragungen im Fernsehen?*
- *Sind Sie schon mal wegen einer Übertragung nachts aufgestanden? Welche Übertragung hat Sie dazu motiviert?*
- *Welche bedeutenden Ereignisse haben Sie im Fernsehen mitverfolgt?*
- *Schauen Sie die Übertragungen königlicher Hochzeiten im Fernsehen an?*

- *Sie haben einen schönen Film gefunden, den Sie gerne sehen möchten. Dann geht der Fernseher kaputt. Was machen Sie?*
- *Ging man früher zum Nachbarn, wenn der schon einen Fernseher hatte, man selbst aber noch nicht? Erzählen Sie davon!*
- *Wie war das früher mit der Antenne und dem Schnee auf dem Bild?*
- *Halten Sie sich regelmäßig eine Fernsehzeitung? Wenn ja, welche?*
- *Wenn Sie für einen Tag das Programm bestimmen könnten, was bekäme man zu sehen?*
- *Welche Sendung wollen Sie möglichst nicht verpassen?*

Die Karten liegen mit der Bildseite nach oben auf dem Tisch. Die darum versammelten Teilnehmenden decken nacheinander ein Bild auf, lesen die Frage vor und kommen darüber ins Gespräch. Ist zu einer Frage genug erzählt, kommt der nächste Teilnehmer mit der nächsten Karte an die Reihe. Das Spiel geht so lange weiter, bis alle Karten aufgedeckt sind oder die Runde keine Lust mehr hat. Wem das Erstellen der Karten zu umständlich ist, kann die Fragen auch einfach so in die Runde geben.

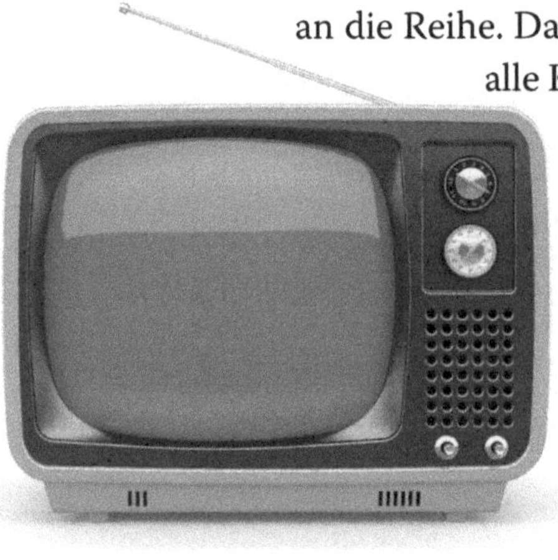

Dauer: 30 Minuten

Material: die Karten mit den Fragen (CD-ROM) auf der Rückseite

UNSERE NACHRICHTEN

Bitten Sie in einem Radio- und Fernsehgeschäft um einen ausgehöhlten, alten Fernseher, hinter den man sich setzen kann und wo es dann so aussieht, als sei der dahinter sitzende Mensch der Nachrichtensprecher. Lässt sich so ein Fernseher nicht auftreiben, können Sie auch eine große Pappe nehmen, ein Loch für den Bildschirm herausschneiden und die Knöpfe des Fernsehers aufmalen.
Fordern Sie die Runde dazu auf, zu überlegen, welche Nachrichten Sie gerne mal hören würden. Es können Nachrichten aus der großen weiten Welt oder auch regionale Nachrichten sein. Wer sich traut, setzt sich als Nachrichtensprecher hinter den präparierten Fernseher und präsentiert seine Nachrichten. Dann kommt die Runde darüber ins Gespräch.

Dauer: 15 Minuten

Material: ein ausgehöhlter Fernseher oder die beschriebene Pappe, ggf. ein Lautsprecher, um die Stimmen der Teilnehmenden verstärken zu können

MITGEBSEL

Lesen Sie diesen Text vor. Sie können ihn auch ausgedruckt den Teilnehmenden mit nach Hause geben.

UMKEHREN

Die Zeitungen rufen gute Nachrichten aus. Der Unterhändler weigert sich, den Krieg zu erklären. Nicht krümmt sich der Finger am Abzug des Gewehrs. Die zornige Hand findet

das Messer nicht. Zu explodieren verlernen die Bomben. Die Generale haben sich zum Golfspielen entschlossen. Das verleumderische Wort bleibt hinter die Lippen gepresst. Diktatoren öffnen die Straflager. Andersdenkende werden geachtet. Die Rasse ist nichts als ein Unterschied in der Farbe der Haut. In den Folterkammern wird Brot gebacken. Galgen und Henkerbeil ziehen sich zurück ins Museum. Gespräche über den Frieden haben Aussicht auf Erfolg. Die Grenzen werden geöffnet. Man lässt den Gegner zu Wort kommen. Man schließt Kompromisse. Man lächelt über sich selbst. Man fängt an.

Den Text habe ich auf dieser Internetseite gefunden: http://www.vcp-avalon.de/downloads/andachten/Umkehren.pdf

Dauer: 5 Minuten, planen Sie aber Zeit für Reaktionen auf den Text ein

Material: den Text für alle Teilnehmenden kopiert zum Mitgeben

SAMMELAUFGABE

FERNSEHSENDUNGEN VON FRÜHER

Lassen Sie die Teilnehmenden zusammentragen, an welche Fernsehsendungen von früher sie sich noch erinnern. Geben Sie Zeit zum Erinnern und Erzählen. So könnte die Liste aussehen:

- *Der große Preis*
- *Einer wird gewinnen*
- *Der goldene Schuss*
- *Ohnsorg-Theater*
- *Anneliese Rothenberger gibt sich die Ehre*

- *Sandmännchen*
- *Lassie*
- *Fury*
- *Flipper*
- *Daktari*
- *Wünsch dir was*
- *Familie Hesselbach*
- *Was bin ich?*
- *Am laufenden Band*
- *Der blaue Bock*
- *Die Unverbesserlichen*
- *Peter-Alexander-Show*
- *Der Kommissar*
- *Der Bastian*
- *Bezaubernde Jeannie*
- *Die kleinen Strolche*
- *Bonanza*
- *Unsere kleine Farm*
- *Dallas*
- *Denver Clan*
- *Ferien auf Saltkrokan*
- *Hitparade*
- *Ein Herz und eine Seele*

- *Königlich bayrisches Amtsgericht*
- *Komödienstadl*
- *Augsburger Puppenkiste*
- *Sissi*

Weitere finden Sie auf dieser Internet-Seite: http://www.retro-tv.de/sendungsliste

Dauer: 15 Minuten

Material: Beispielliste (CD-ROM), ggf. ein Flipchart zum Notieren der Nennungen, ein dicker Stift

KREATIVES

COLLAGE

Sammeln Sie eine Weile Fernsehzeitungen. Legen Sie sie aus und fügen Sie pro Tische eine Schere und Klebstoff dazu. Nun sollen die Teilnehmenden aus den Zeitungen ausschneiden, welche Sendungen sie gerne mögen und welche nicht. Am Ende stellt jeder Tisch das Ergebnis vor und begründet die Auswahl.
Alternativ kann die Aufgabe auch lauten, man möge einen besonders schönen Programmtag zusammenstellen, den man sich einmal wünschen würde.

Dauer: 20 Minuten

Material: Fernsehzeitungen, Scheren, Klebstoff, Tonkarton in neutraler Farbe zum Aufkleben der Collage, Stifte

GESPRÄCHSIMPULS

GEPLATZTER FERNSEHABEND

Schildern Sie die Situation, man habe sich auf einen schönen Fernsehabend gefreut und nun ist dieser durch einen Stromausfall oder einen Schaden am Gerät nicht möglich. Die Gruppe soll gemeinsam überlegen, was man alles außer Fernsehen tun kann. Wenn dazu eine Hilfe nötig ist, stellen Sie die Aufgabe, man möge zu jedem Buchstaben des ABCs eine Aktivität finden.

Dauer: 15 Minuten

Material: falls Sie die ABC-Liste (CD-ROM) nutzen wollen, brauchen Sie diese und Stifte für alle Teilnehmenden

GAST EINLADEN

Vielleicht haben Sie in Ihrem Ort oder Stadtteil ein nettes Fernsehfachgeschäft, aus dem ein kompetenter Mitarbeiter in Ihre Runde kommen könnte, um über besonders bedienungsfreundliche Geräte zu berichten. Er sollte Anschauungsmaterial mitbringen und möglichst nicht zu aufdringlich Werbung für sein Geschäft machen.

Dauer: Verabreden Sie unbedingt vorher mit dem Gast, wie viel Zeit für die Information zur Verfügung steht. 30 Minuten sollten nicht überschritten werden.

Material: ggf. bringt der Gast Anschauungsmaterial und Prospekte mit

RATESPIEL

Lesen Sie die folgenden Zeilen langsam vor und bitten Sie die Teilnehmenden, sich möglichst viele Details zu merken. Machen Sie nach dem Vorlesen eine kleine Pause und fragen Sie dann die Details ab.

Egon und Elfriede saßen beim Abendbrot. Egon hatte gerade sein Käsebrot aufgegessen und schlug die Fernsehzeitung auf. Was es wohl heute Abend gäbe? Um 19.00 Uhr auf jeden Fall »Heute«. Dann einen Krimi im Ersten, aber da wäre wohl Elfriede dagegen, denn sie würde bestimmt Rosamunde Pilcher im ZDF sehen. Vielleicht wäre die Tiersendung auf Arte ein Kompromiss. Oder sie schauten das Ohnsorg-Theater im Dritten. »Tratsch im Treppenhaus« – das kannten sie zwar schon, aber es war doch immer wieder nett.

Hier nun die Fragen dazu:

- *Was hat Egon als letztes beim Abendbrot gegessen?*
- *Was für eine Zeitung schlägt er auf?*
- *Welche Nachrichtensendung möchte er sehen?*
- *Was gibt es im Ersten Programm?*
- *Was würde Elfriede gerne sehen?*
- *Auf welchem Programm gibt es die Tiersendung?*
- *In welchem Programm gibt es das Ohnsorg-Theater?*
- *Welches Stück wird dort gespielt?*

Dauer: 10 Minuten

Material: die Geschichte und die Fragen dazu (CD-ROM)

Gesundheit und Krankheit

»Hauptsache gesund!« – das hören wir in Gesprächen nicht nur mit älteren Menschen häufig. Aber stimmt das so? Und was ist dann mit den vielen, gerade auch älteren Menschen, deren Gesundheit angeschlagen ist, die unter Schmerzen und Beeinträchtigungen zu leiden haben? Dieser Frage will ich mit meinen Anregungen für diese Idee in der Seniorenarbeit einmal nachgehen.

EIGENE ANNÄHERUNG AN DAS THEMA

Wie offen mögen Ihre Teilnehmenden über das Thema sprechen? Wie offen können Sie über Ihre Gesundheit oder Ihre Krankheit sprechen? Kennen Sie einen Arzt, der einmal in Ihre Gruppe kommen würde, um Fragen zu beantworten? Könnte ein Apotheker die Gruppe besuchen und für Fragen zur Verfügung stehen?

SAMMELAUFGABE

HAUPTSACHE GESUND

Teilen Sie an die Teilnehmenden eine Liste mit den gängigsten Buchstaben des ABCs aus und lassen Sie zu jedem Buchstaben eine Krankheit finden. In einem zweiten Durchgang wird zu jedem Buchstaben ein Hausmittel gegen ein Beschwernis gesucht.

So könnte die Liste aussehen:

- *Arthrose, Blinddarmentzündung, Colitis …*
- *Arnikasalbe, Bitterkräuter, Creme …*

Dauer: 15 Minuten

Material: die ABC-Liste (CD-ROM) und ein Stift pro Teilnehmendem

SUCHAUFGABE

SUCHE IM GITTER

Finden Sie senkrecht, waagerecht, von unten nach oben oder umgekehrt acht Krankheiten:

M	A	S	E	R	N	K	A	O	S	H	Ü
V	G	A	W	Ö	E	U	K	P	C	J	B
B	T	S	E	T	T	U	N	Ü	H	K	E
D	Z	D	Q	E	S	Z	E	M	N	L	L
E	U	F	E	L	U	N	U	K	U	I	K
R	I	G	T	N	H	N	R	L	P	U	E
T	O	H	Z	F	W	E	T	Ö	F	Z	I
Z	P	J	U	R	E	Z	R	Ä	E	T	T
G	I	C	H	T	D	R	T	S	N	R	R
Y	G	K	D	H	R	A	U	E	G	E	D
S	B	L	E	J	T	W	I	A	G	W	E
W	J	N	E	K	C	O	P	D	N	I	W

Drucken Sie das Gitter für alle Teilnehmenden aus und schicken Sie diese auf die Suche nach mindestens 8 Krankheiten, die sich darin senkrecht, waagerecht, vorwärts oder rückwärts versteckt haben (auf CD-ROM ohne Lösung).

Dauer: 10 Minuten

Material: das Gitter mit den darin versteckten Krankheiten (CD-ROM), ein Stift pro Teilnehmer, besonders gut eignen sich dafür Textmarker

GESPRÄCHSIMPULS

SPRÜCHE ZUM THEMA

Drucken Sie die Sprüche zum Thema in Großdruck aus oder fassen Sie sie auf einem Blatt zusammen. Dann sollen die Teilnehmenden über die Sprüche ins Gespräch kommen.

- *Gesundheit ist nicht alles, aber ohne Gesundheit ist alles nichts.*
  Schopenhauer
- *Die Natur duldet keine unheilbare Gesundheit.*
  Thomas Bernhard
- *Gelobt sei die Krankheit, denn die Kranken sind ihrer Seele näher als die Gesunden.*
  Proust
- *Mancher Kranke stirbt am Herzversagen seiner Mitmenschen.*
  Kesten
- *Das Altern ist unheilbar.*
  Aus Nigeria
- *Der Weise braucht nicht krank gewesen zu sein, um*

den Wert der Gesundheit zu kennen.
Aus Arabien

- *Den Armen kuriert die Arbeit, den Reichen der Doktor.*
  Aus Polen
- *Du weißt nicht, wie schwer die Last ist, die du nicht trägst.*
  Aus Malawi
- *Die Freude am guten Essen tötet mehr Leute, als der Degen.*
  Aus Frankreich
- *Es ist besser, sein Kreuz zu tragen als zu schleppen.*
  Aus der Bretagne
- *Schildkröten können mehr über den Weg erzählen als Hasen.*
  Aus Asien
- *Nichts beschleunigt die Heilung so sehr, wie regelmäßige Arztrechnungen.*
  Guiness
- *Eine der am meisten verbreiteten Krankheiten ist die Diagnose.*
  Kraus

Viele Sprüche habe ich in diesem Buch gefunden: Peter Neysters: Werkbuch Seniorenarbeit, Verlag Herder, in dem auch eine ganze Einheit zum Thema zu finden ist.
Sicherlich können die Teilnehmenden noch weitere Sprüche ergänzen.
Nutzen Sie die Sprüche dazu, über die Frage ins Gespräch zu kommen, was man denn auf die Aussage »Hauptsache

gesund« antworten könnte. Versuchen Sie, die Teilnehmenden dafür zu sensibilisieren, dass man auch bei nachlassender Gesundheit ein wertvoller und geliebter Mensch ist. Was wäre denn wohl, wenn den vielen Kranken die Hauptsache fehlte?
Vielleicht fallen Ihnen Menschen in Ihrer Umgebung ein, die uns dadurch beeindrucken, dass sie eine schwere Krankheit mit viel innerer Kraft tragen können. Möglicherweise könnten Sie so einen Menschen zu sich in die Gruppe einladen.

Dauer: 30 Minuten, mit Gast länger

Material: die Sprüche einzeln und groß ausgedruckt oder als Liste für alle Teilnehmenden (CD-ROM)

BUCHTIPP

Viele gute Gedanken dazu bietet das Buch »Ressourcenorientierte Seelsorge« von Heike Schneidereit-Mauth, das im Gütersloher Verlagshaus erschienen ist. Der Tenor des Buches liegt darauf, nicht nach den Defiziten von Menschen zu fragen, sondern nach ihren Potenzialen zu schauen.

SPIEL

GEFÜLLTE KALBSBRUST

Schreiben Sie das Wort GESUNDHEIT einmal senkrecht in der richtigen Reihenfolge auf und einmal von unten nach oben. Nun haben die Teilnehmenden die Aufgabe, solche Worte zu finden, die mit den jeweiligen Buchstaben anfangen und aufhören.

G	Gebet	**T**
E	Einerlei	**I**
S	Suche	**E**
U		**H**
N		**D**
D		**N**
H		**U**
E		**S**
I		**E**
T		**G**

Dauer: 10 Minuten

Material: Tafel oder Flipchart oder vorbereitetes Arbeitsblatt (CD-ROM) für alle Teilnehmenden, Stifte, dicker Stift

SAMMELAUFGABE

HAUSMITTEL

Früher gab es für viele Erkrankungen Hausmittel, die erst einmal eingesetzt wurden, bevor der Arzt gerufen wurde. Sicherlich kennen die älteren Menschen noch viele solcher Hausmittel. Es wäre doch eine schöne Idee, diese »Rezepte« aufzuschreiben und das so entstandene Büchlein beim nächsten Sommerfest oder Basar zu verkaufen. Tragen Sie dazu das Wissen über Hausmittel zusammen. Mit diesen Nennungen können Sie gewiss rechnen:

- *Bei Zahnschmerzen eine Gewürznelke an die schmerzende Stelle legen*

- *Bei Erkältungen heiße Zitrone trinken*
- *Bei Fieber kalte Umschläge*
- *Bei Blähungen Tee aus Anis, Fenchel und Kümmel*

Diese Internetseite bietet dazu eine Fülle von Informationen http://haus-mittel.co/

Dauer: 10 Minuten

Material: Beispielliste (CD-ROM), weitere Beispiele werden gesammelt, ein Flipchart zum Notieren der Nennungen, bei dem vorgeschlagenen Büchlein Papier und Stifte für alle, Kopierer, Möglichkeit zum Binden

GESCHICHTE ZUM VORLESEN

REIZDARM

Ich habe, ich gebe es offen zu, seit einigen Jahren einen schlimmen Reizdarm. Er quält mich mit Verstopfung und Durchfall, mit Schmerzen und Blähungen und ist einfach immer da, vor allem dann, wenn ich ihn so gar nicht gebrauchen kann. Und weil ich so offen mit diesem Beschwernis umgehe, weiß eigentlich die ganze Gemeinde, dass es mir oft nicht sonderlich gut geht. Das verschafft mir ungeahnte Sympathien, vor allem bei Menschen, die ähnliche Beschwerden haben. Auf offener Straße werde ich angesprochen und gefragt, wie es meinem Darm geht. Ich erhalte eine Fülle von Ratschlägen, Adressen von Therapeuten und Behandlungsmethoden, die in ähnlichen Fällen geholfen haben. Manche machen mir sogar ungefragt einen Termin bei einem Arzt oder Heilpraktiker und sind dann ganz enttäuscht, wenn ich nicht hingehen will. Ich soll morgens fünf rohe Kartoffeln essen, dann ist alles in kürzester Zeit weg. Die Kartoffeln soll ich aus dem Keller holen. Das geht schon deshalb nicht, weil wir keinen Keller haben. Pfefferminzöl und Kümmeltee werden mir angeboten. Ich soll nicht rauchen, keinen Kaffee trinken und vor 21 Uhr ins Bett gehen. Ich soll jeden Tag drei Stunden spazieren gehen und morgens bei geöffnetem Fenster Gymnastik machen. Morgens soll ich immer um die gleiche Zeit aufstehen.

Wegen der dauernden Beschwerden nehme ich viele Kilos ab. Zugegeben, die einzige positive Auswirkung der Erkrankung, denn ich hatte wirklich einige Fettschichten zu viel auf dem Leib. Nun ernte ich mitleidige Blicke und manche fragen mich auch ganz ungeniert, ob ich krank sei.

Wenn ich zu viel spazieren gehe und mich dieselben Leute immer wieder laufen sehen, entsteht bald das Gerücht, ich hätte den Führerschein wegen Alkoholkonsums verloren. Gehe ich nicht mehr mit meinem Mann aus, weil ich Bauchschmerzen habe, kursiert das Gerücht der zerrütteten Ehe. Esse ich nicht, was alle essen, bin ich etepetete geworden. Die Hosen schlottern an mir und die Jacken, die vorher spannten, wehen im Wind.

Ich habe die Ratschläge satt. Ich will keine weiteren Therapiemöglichkeiten hören, will nicht hinter dem Reizdarm tief verborgene Probleme auf meiner Seele erkennen. Ich will nicht zum Schamanen gehen und nicht in selbst gestrickten Wollsocken bei Vollmond auf einer Wiese den Tanz der Elfen tanzen. Dann habe ich eben Bauchschmerzen. Andere Menschen haben viel schlimmere gesundheitliche Probleme.

Aber sie haben mich gelehrt, nicht so schnell mit einem Rat zur Stelle zu sein, sondern einfach nur zuzuhören. Gerade wie beim Kabarettprogramm von Dieter Nuhr: »Einfach mal die Klappe halten!«

Vorlesedauer: 5 Minuten, planen Sie aber Zeit zum eigenen Erzählen ein

Material: die Geschichte

Bei diesem Impuls, den ich Ihnen hier vorstellen möchte, habe ich mir das Bedürfnis mancher älterer Menschen, gerne über Krankheiten zu reden, zunutze gemacht. Man braucht dazu einen Farbwürfel, für die Senioren gerne ein etwas größeres Exemplar. Die Farben, die sich dadurch ergeben, finden sich als Kärtchen wieder. Jede Farbe hat eine eigene Fragekategorie.

- *Rot = Ärzte*
- *Gelb = Hausmittel*
- *Blau = Gesundheit*
- *Grün = A-Z*
- *Weiß = Fachsprache*
- *Schwarz = freie Farben-/ Fragenwahl*

Hier die Fragen zu den einzelnen Kategorien:

ROT = ÄRZTE

Fragen

1. *Wie heißt der Professor in der TV-Arztserie »In aller Freundschaft«?*
2. *Welcher Arzt nahm die erste Herztransplantation vor?*
3. *Wie heißt der Gott der Heilkunde? Auch der »Stab« heißt so und ist sein Zeichen.*
4. *Wer gilt als Entdecker des Penicillins und wie entdeckte er es?*
5. *Wer fand den Impfstoff gegen die schwarzen Pocken und wie kam er darauf?*
6. *Welcher Arzt entdeckte, warum so viele Frauen am Kindbettfieber sterben?*
7. *Wer entdeckte den Bazillus, der zu Tuberkulose führt?*

Antworten:

1. *Gernot Simoni*
2. *Christian Barnard*
3. *Äskulap*
4. *Flemming – zufällig*
5. *Edward Jenner – Milchmägde, die Kuhpocken hatten, erkrankten nicht mehr an den schwarzen Pocken*
6. *Semmelweiss, Ärzte übertrugen die Bakterien*
7. *Robert Koch*

GELB = HAUSMITTEL

Fragen

1. *Welches Gemüse hilft dabei, den Körper schnell und gesund zu entwässern?*
2. *Rosmarintee oder ein Zweig Rosmarin für einige Tage in einem Wein – was bringt das?*
3. *Wogegen helfen Salbeitee oder Salbeibonbons und wozu führen sie bei einer Überdosis?*
4. *Was hilft bei dem Stich einer Biene, Wespe oder Hornisse?*
5. *Eine Zwiebel, Zucker, eine Nacht und ein dicker Schal – worauf deutet das hin?*
6. *Welches Kraut macht Frauen besonders schöne Augen und wie kommt das wohl?*
7. *Warum ist manchen Menschen nach dem Genuss von Knoblauch schwindelig?*
8. *Nennen Sie drei Nahrungsmittel, die besonders viel Vitamin C enthalten und die Abwehr stärken.*

Antworten:

1. *Spargel*
2. *Blutdruck steigt*
3. *Husten – dunkle Zähne*
4. *Zitrone – Spucke*
5. *Husten*
6. *Belladonna – vergrößerte Pupille*

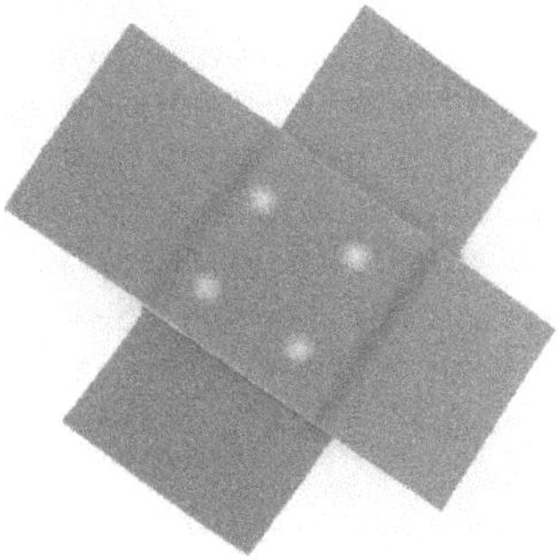

7. *Senkt den Blutdruck*

8. *Paprika, Kiwi, Orangen, Zitronen*

BLAU = GESUNDHEIT

Fragen

1. *Wie viele Kalorien soll ein Erwachsener bei normaler Belastung pro Tag zu sich nehmen?*
2. *Warum ist Schwarzbrot gesünder als Weißbrot?*
3. *Welche Nahrungsmittel muss ich meiden, wenn ich Diabetiker bin?*
4. *Was steht bei der mediterranen Diät auf dem Speiseplan?*
5. *Welche Nahrungsmittel helfen mir, den Cholesterinspiegel zu senken?*
6. *Welche Sportarten sind gut für die Kondition?*
7. *Wie viel sollte ein gesunder Mensch pro Tag trinken?*

Antworten:

1. *2000 – 2500*
2. *Ballaststoffe*
3. *Zucker, Honig, Trauben, Möhren*
4. *Gemüse, Fisch, Obst, Olivenöl*
5. *Olivenöl, wenig tierisches Fett, Obst, Gemüse*
6. *Schwimmen, Radfahren, Walking*
7. *2-3 Liter*

GRÜN = A-Z

Fragen

1. *Wie heißt das kleine Zettelchen, das der Arzt Ihnen gibt, wenn Sie etwas aus der Apotheke brauchen?*
2. *Wie geht dieser Spruch weiter: »Die beste Krankheit ...«*
3. *Ein Theaterstück von Moliere heißt »Der eingebildete ...«*
4. *»Urlaub« mit gelbem Schein – was muss ich mir darunter vorstellen?*
5. *Machen Sie pantomimisch »Zahnschmerzen« nach – die anderen sollen raten.*
6. *Nennen Sie drei Kinderkrankheiten!*

Antworten

1. *Rezept*
2. *Taugt nichts*
3. *Kranke*
4. *Vorgetäuschte Krankheit*
5. *...*
6. *Masern, Mumps, Keuchhusten*

WEISS = FACHSPRACHE

Fragen

1. *Womit habe ich Probleme, wenn ich zu einem Orthopäden muss?*
2. *Was ist ein Gynäkologe?*
3. *Was ist Akupunktur?*

4. *Was haben die Gürtelrose und Windpocken miteinander zu tun?*
5. *Ich leide unter akuter Appendizitis. Was muss bei mir schnell entfernt werden?*
6. *Mein Arzt nimmt ein Stethoskop und kommt auf mich zu. Tut das weh?*
7. *Ich liege mit Angina im Bett. Ist das unanständig oder eine Krankheit?*
8. *Was meint der Arzt, wenn er ein EKG machen will? Was bedeutet die Abkürzung?*

Antworten

1. *Bewegungsapparat*
2. *Frauenarzt*
3. *Nadeln an bestimmten Stellen des Körpers oder auch nur des Ohres*
4. *Gleicher Erreger*
5. *Blinddarm*
6. *Abhören*
7. *Angina ist eine Halsentzündung*
8. *Elektrokardiogramm – Herz*

Dauer: 30 Minuten

Material: ein Farbwürfel, die fünf Stapel mit farblich sortierten Kärtchen, auf deren Rückseite die Fragen (CD-ROM) stehen, für Sie als Leitung den Lösungszettel, gut wäre ein Gesundheitslexikon, um aufkommende Frage beantworten zu können

GAST EINLADEN

Laden Sie einen Arzt in Ihre Runde ein, der etwas über die alterstypischen Erkrankungen erzählen soll. Besprechen Sie aber vorher mit ihm, dass es nicht um einzelne Fälle gehen kann, denn die gehören ja in das vertrauliche Arzt-Patienten-Gespräch. Gut wäre es auch, vorher Fragen mit der Gruppe zu sammeln, damit der Arzt sich entsprechend darauf vorbereiten kann.
Auch ein Apotheker wäre ein geeigneter Gast für die Runde. Auch hier würde ich vorher Fragen sammeln und an ihn weiterleiten. Der Apotheker sollte besonders auf die Gefahr der freiverkäuflichen Mittel hinweisen, die zusammen mit den von Ärzten verordneten Medikamenten oft fatale Folgen haben können.

GESCHICHTE ZUM VORLESEN

ÜBERGEBEN

Marie Élene kommt gerne zum Kindergottesdienst. Beinahe an jedem Sonntag ist sie dabei. Sie kennt schon viele biblische Geschichten und hat Freude daran, dazu zu erzählen, zu malen und zu basteln. Heute allerdings kommt sie sehr blass in den Raum. Ihre Mutter muss sie fast schieben, damit sie ankommt. Die Mutter erklärt uns, dass Marie Élene sich heute Nacht mehrfach übergeben musste, sich aber nicht davon abhalten lassen wollte, vormittags in den Kindergottesdienst zu gehen. Während der Erklärung ihrer Mutter schüttelte Marie Élene mehrmals unwillig den Kopf. Und als die Mutter endlich fertig war, korrigierte die Tochter sie lautstark: »Übergeben, Mama, das stimmt doch gar nicht. Ich hab mein ganzes Bett vollgekotzt!« Nun waren alle im Bilde. Ich desinfizierte meine Hände wenigstens in Gedanken mit Sagrotan und setzte mich dann neben sie.

Christian Phillipp, der Sohn des hiesigen Hausarztes am Platz, erklärt seinem Nachbarn Sören, dass man Bauchschmerzen bekommt, wenn man die Rotze immer so hoch zieht. Timm verbreitet sein Wissen darüber, dass es schön ist, an den Mandeln operiert zu werden, weil man dann »Pottens voll Eis essen darf«.

Eleonore gibt dem ganzen die Krönung, indem sie verkündet, dass ihr übermorgen ganz furchtbar schlecht war. Und Merten weiß zu berichten, dass seine Großmutter manchmal die gelben WC-Engel rufen muss, wenn sie es nicht rechtzeitig geschafft hat, auf's Örtchen zu kommen.

Und wenn wir es nicht geschafft hätten, das Thema zeitnah auf die Arche Noah umzulenken, dann wären sicherlich auch noch viele Geschichten von kranken Tieren erzählt worden. Aber schließlich verstehen wir unser Geschäft ja auch.

Vorlesedauer: 5 Minuten, planen Sie aber Zeit für eigene Erinnerungen und Gespräche darüber ein

Essen und Trinken

Um das Thema Essen und Trinken ranken sich viele Erinnerungen der älteren Menschen, zu denen sie viel zu erzählen haben. Es ist ein Thema, das sich häufig auch für Menschen mit einer demenziellen Veränderung eignet. Gegessen und getrunken haben wir alle im Laufe unseres Lebens. Und gerade die Generation der jetzt alten Menschen hat sich oft mit Ersatzlösungen behelfen müssen und kann dazu viel erzählen. Einmal mehr ist es eine Gelegenheit, die Generationen miteinander ins Gespräch zu bringen.

EIGENE ANNÄHERUNG AN DAS THEMA

Kochen und essen Sie gerne? Kennen Sie eine Ernährungsberaterin, die Sie in diesem thematischen Zusammenhang unterstützen könnte? Vielleicht gibt es bei Ihrer Krankenkasse dazu eine Hilfe. Können Sie Info-Material für Ihre Gruppe besorgen? Haben Sie in Ihren Räumlichkeiten die Möglichkeit, mit der Gruppe etwas zu kochen?

ERZÄHLSPIEL

Suchen Sie sich Bilder von Lebensmitteln oder schneiden Sie sich aus Prospekten der Supermärkte Bilder aus. Auch Kochzeitschriften eignen sich gut für das Vorhaben. Kleben Sie die Bilder mit fester Pappe ab und schreiben Sie auf die Rückseite der Bilder die folgenden Fragen:

- *Was ist Ihr Lieblingsessen?*
- *Welche Gewürze mögen Sie gerne?*
- *Mögen Sie gerne Süßigkeiten?*
- *Wann gab es in Ihrer Kindheit Süßes?*
- *Essen Sie gerne exotische Gerichte?*
- *Wie ging bei Ihnen zu Hause die Weihnachtsbäckerei vor sich?*
- *Welche Obst- und Gemüsesorten kannten Sie als Kind – welche kennen Sie jetzt?*
- *Haben Sie früher selbst Brot gebacken?*
- *Welche Brotsorten gab es in Ihrer Kindheit?*
- *Kennen Sie ausländische Gerichte? Erzählen Sie davon!*
- *Wie haben Sie früher die Ernte miterlebt?*
- *Was haben Sie früher eingekocht?*
- *Hatten Sie früher einen Garten? Erzählen Sie davon!*
- *Was haben Sie früher selbst angebaut?*
- *Haben Sie selbst Tees oder Beeren oder Früchte gesammelt?*
- *Welche Eintöpfe gab es bei Ihnen oft?*
- *Gab es in Ihrer Familie besondere Gerichte, die man kochte?*
- *Von wem haben Sie das Kochen gelernt?*

- *Ist Ihnen beim Kochen manchmal etwas total misslungen?*
- *Wenn Sie als Kind Geburtstag hatten, durften Sie sich dann ein Essen wünschen?*
- *Gibt es ein Gericht, das Sie überhaupt nicht mögen?*
- *Welche Regeln gab es in Ihrer Kindheit bei den Mahlzeiten?*
- *Kennen Sie es noch, dass man vor den Mahlzeiten betet?*
- *Welche Tischgebete kennen Sie?*
- *Welche Marmeladen haben Sie früher eingekocht?*
- *Können Sie sich noch an die schlechten Zeiten erinnern, in denen man vieles nicht hatte?*
- *Welche Ersatzstoffe kennen Sie noch aus der Zeit, als man sich mit vielen behelfen musste?*
- *Gibt es in Ihrem Heimatort ein typisches Gericht? Wie kocht man das?*
- *Haben Ihre Kinder zum Muttertag etwas für Sie gekocht?*
- *Wie haben Sie früher für den Winter vorgesorgt?*
- *Wissen Sie noch, was »Wasserglas« ist? (Konservierungsmethode für Eier)*
- *Wenn Sie sich jetzt ein dreigängiges Menü wünschen dürften, was gäbe es dann?*
- *Kennen Sie noch ein Erntelied? Wir hören gerne zu.*
- *Kennen Sie noch ein Gedicht zur Ernte? Wir hören gerne zu.*
- *Eingeladen zu sein und das angebotene Essen überhaupt nicht zu mögen, ist schrecklich. Haben Sie das mal erlebt?*

- *In den Gewohnheiten, die Speisen zuzubereiten, hat sich ja viel geändert. Welche der neueren Speisen mögen Sie gerne?*
- *Welches alte Gericht von früher möchten Sie gerne mal wieder essen?*
- *Kennen Sie noch Sprichwörter im Zusammenhang mit Brot oder anderen Lebensmitteln?*

Es wäre gut, die Ergebnisse dieser Gespräche auch an die Küche im Altenpflegeheim oder der Einrichtung der Tagespflege weiterzugeben. So können die Ergebnisse vielleicht auch Einfluss in die weitere Küchenplanung nehmen, die doch manchmal an den Bedürfnissen der älteren Menschen vorbei plant.

Dauer: 30 Minuten

Material: die Karten mit den Motiven zu Essen und Trinken mit den Fragen (CD-ROM) auf der Rückseite, Notizzettel zum Aufschreiben der Dinge, die an die Küche weitergegeben werden sollen

MARZIPAN

Ganz zu Anfang meiner Arbeitszeit als Gemeindediakonin hatte ich eine beklemmende Begegnung mit Marzipan, die meine Lust auf derlei Süßigkeiten bis heute hin entscheidend geprägt hat. Ich hatte eine alte Dame zu besuchen, die ich motivieren sollte, sich doch dem Seniorenkreis unserer Kirche anzuschließen. Sie war viel allein, was ihr gar nicht gut bekam. Es war ein schöner Sommertag und ich machte mich mit dem Fahrrad zu ihr auf den Weg. In meiner Hosentasche befand sich nur Geld für einen eventuell notwenigen Anruf. In der anderen Tasche war mein Hausschlüssel. Mehr hatte ich nicht bei mir.

Die alte Dame freute sich sehr, Besuch zu haben und kochte auch gleich Kaffee. Wir kamen gut miteinander ins Gespräch und ich konnte ihr den Seniorenkreis und die Frauenhilfe in den buntesten Farben schildern.

Ja, und weil sie sich so freute, nun endlich mal Besuch zu haben und so nett unterhalten zu werden ging sie in ihre kleine Küche, um mir ein Stück Marzipantorte zu holen. Riesengroß und blass lag der Kuchen auf meinem Teller. Er roch etwas merkwürdig, aber das konnte auch an dem dezenten Duft von Mottenpulver liegen, der das ganze Haus durchströmte. Also biss ich beherzt in das Stück Torte. In meinem Mund zog sich alles zusammen, weil sie so schrecklich schmeckte. Vielleicht war die Milch sauer gewesen oder die Butter ranzig. Vielleicht hatte die Katze auf die Mandeln gepinkelt oder die Mäuse hatten das Mehl angefressen. Ich weiß es nicht, aber in meinem Mund befand sich eine völlig ungenießbare Masse, die bei jedem Kauen noch größer

wurde. Hinter mir stand unsichtbar, aber deutlich vernehmbar meine Mutter, die sagte: »Rita, was auf dem Teller ist, wird aufgegessen!« Mein Magen antwortete: »Mama, du weißt nicht, was du von mir verlangst!«
Immer hektischer suchte ich nach einer Lösung. Das Gespräch stagnierte. Die alte Dame saß mir mit großer Aufmerksamkeit gegenüber und wartete auf eine Reaktion. »Schmeckt die Torte Ihnen?«, fragte sie endlich. Wahrheitsgemäß antwortete ich: »Ja, ganz einmalig!«
Heute würde ich es beherzt ansprechen, dass die Torte nicht mehr genießbar ist, aber damals traute ich mich das nicht. Mein Gehirn arbeitete auf Hochtouren. Was konnte ich nur tun, um sie verschwinden zu lassen. Ein Königreich hätte ich für eine Handtasche gegeben, in die ich sie hätte versenken können. Heute werden Sie mich nicht mehr ohne Tasche antreffen, aber damals war ich noch so leichtsinnig, ohne dieses Utensil unterwegs zu sein.
Endlich fand ich eine List. Ich trank allen Kaffee aus und bat um eine weitere Tasse, die die alte Dame ja aus der Küche würde holen müssen. Sobald sie weg war, lupfte ich mein Hosenbein und steckte die Torte in meinen rechten Kniestrumpf. Ich legte das Beinkleid sorgsam wieder darüber und setzte mein schönstes Unschuldsgesicht auf. Sie war schon etwas erstaunt, meine alte Dame, dass ich die Torte auf einmal so schnell aufgegessen hatte, und fragte freundlich, ob ich denn wohl noch ein weiteres Stück möchte, wo es mir doch so offensichtlich gut geschmeckt hatte. Ich schaffte es, ganz normal »Nein danke, ein Stück reicht mir!« zu sagen.
Nun, wo die Torte durch meine Körperwärme weicher wurde, breitete sich die Masse um meine gesamte Wade aus.

Langsam aber sicher quoll sie durch das Lochmuster der Strümpfe. Ich wusste nur eines: Ich muss hier schnell weg! Anstandshalber trank ich noch eine Tasse Kaffee, dann drängte ich zum Aufbruch. Ich hatte Sorge, die zähe Masse würde am Ende meines Hosenbeines sichtbar werden.
Also schwang ich mich auf mein Fahrrad, verabschiedete mich zugegeben etwas hastig und fuhr in Rekordtempo in Richtung Park, wo ich die Köstlichkeit sehr gerne den Enten überlassen wollte. Aber auch diese ansonsten gefräßigen Tiere ergriffen schnatternd die Flucht. Auch die Kniestrümpfe konnte ich vergessen. Sie landeten im Papierkorb.
Ja, und seit diesem Erlebnis esse ich kein Marzipan mehr. Eigentlich gar keinen Kuchen. Wer weiß, er könnte ja wieder so schmecken.

Die Idee zu dieser Geschichte habe ich schon einmal verarbeitet. Sie steht, zusammen mit vielen anderen vorlesenswerten Geschichten von mir in dem Buch »Lachsschnittchen am Designersarg«, das 2001 im Verlag Rolf-Dieter Plois in Westerstede erschienen ist. Unter der ISBN 3-9807186-0-3 ist es im Buchhandel erhältlich.

Vorlesedauer: 10 Minuten

Material: die Geschichte und ggf. ein Stückchen Marzipan pro Teilnehmer

SAMMELAUFGABE

Lassen Sie Ihre Teilnehmenden zu den Buchstaben des ABCs jeweils einen Begriff zum Thema Essen und Trinken finden. Sie können die Oberbegriffe auch noch stärker einengen und zu diesen Beispiele finden lassen:

- *Obst*
- *Gemüse*

- *Käsesorte*
- *Landestypisches Gericht*
- *Küchenzubehör*
- *Wurstsorte*
- *Kann man im Schlachterladen kaufen*
- *Geschirr und Besteck*

Beim Obst könnte das Ergebnis so aussehen:

- *Apfel*
- *Birne*
- *Clementine*
- *Dattel*
- *Erdbeere*
- *Feige*
- *Granatapfel*
- *Himbeere*
- *Johannisbeere*
- *Kirsche*
- *Limette*
- *Mango*
- *Nektarine*
- *Orange*
- *Pampelmuse*
- *Quitte*

- *Rote Johannisbeere*
- *Stachelbeere*
- *Traube*
- *Zitrone*

Für die Sammelaufgabe zum Obst sollten Sie die Buchstabenliste ohne die Buchstaben I, U und V ausdrucken, da es dazu, jedenfalls nach meiner Recherche, keine Obstsorten gibt.

Diese Internetseite ist bei der Suche hilfreich: http://www.apotheken-umschau.de/Ernaehrung/Obst-und-Fruechte-von-A-Z-Obst-und-Fruechte.html

Dauer: pro Oberbegriff 10 Minuten

Material: die ABC-und Beispielliste (beides CD-ROM) und ein Stift pro Teilnehmer

RATESPIEL

REDENSARTEN ZU ESSEN UND TRINKEN

Essen und Trinken hält Leib und Seele zusammen, das wird sicherlich allen zuerst einfallen. Aber es gibt noch viele weitere Sprichwörter und Redensarten zu diesem Thema. Kleiden Sie die Redensarten in solche Fragen, dass als Antwort immer ein Lebensmittel herauskommt.

Womit spielt man nicht?	Mit Essen
Was rupfe ich mit jemandem?	Ein Hühnchen
Was rasple ich?	Süßholz

Was findet ein blindes Huhn auch mal?	Ein Korn
Wohin schicke ich jemanden?	Dorthin, wo der Pfeffer wächst
Was hole ich für jemanden aus dem Feuer?	Die Kastanien
Was liegt in der Kürze?	Die Würze
Was kann ich jemandem nicht reichen?	Das Wasser
Was schenke ich jemandem ein?	Reinen Wein
Was muss ich auslöffeln?	Die Suppe, die ich mir eingebrockt habe
Was verderben viele Köche?	Den Brei
Mit was fängt man Mäuse?	Mit Speck
Was ist mit jemandem nicht gut?	Kirschen essen
Was fällt nicht weit vom Stamm?	Der Apfel
Wie nehme ich jemanden aus?	Wie eine Weihnachtsgans
Wodurch ziehe ich jemanden?	Durch den Kakao
Was macht müde Männer munter?	Milch
Was lasse ich mir nicht vom Brot nehmen?	Die Butter

Was schmiere ich jemandem um den Bart?	Honig
Was haben die dümmsten Bauern?	Die dicksten Kartoffeln
Was gebe ich bei die Fische?	Butter
Da haben wir was?	Den Salat

Diese Internetseite hat mir beim Auffinden der Redensarten geholfen: http://www.brainr.de/brainstorming
Sie enthält aber auch Redensarten, die ich nicht so geeignet finde. Prüfen Sie selbst.

Dauer: 10 Minuten

Material: Liste mit den Fragen (CD-ROM)

REZEPT

BIBELSUPPE

Auf dieser Internetseite der Pfadfinder: *http://www.vcp-mv.de/know-how/fahrtenkochbuch/bibelsuppe* habe ich ein Rezept für eine Bibelsuppe gefunden. Dabei müssen die Teilnehmenden zuerst die Zutaten anhand der Bibel herausfinden und auch für die einzelnen Zubereitungsschritte die entsprechenden Bibelstellen aufschlagen.

POT AU FEU À LA BIBLE (BIBELSUPPE)

Zutaten:

- *2 l Flüssigkeit Joh 4,7*
- *2-3 TL Mt 5,13*

- *1 Prise des dritten Gewürzes Mat 23,23*
- *250 g vom Tier nach Mt 22,4*
- *250 g vom Tier nach Lk 15,15*
- *2-4 Stücke von dem, was das Wort Gottes nach Hebr 4,12 voneinander scheidet*

Alles 1,5 Stunden kochen lassen. Dann kommen diese Gartenfrüchte hinzu:

- *2-3 Sorten blumen- und knospenartige Früchte (je 150 g) aus dem Garten 1. Kön 21,2*
- *3 verschiedene Gemüse nach Lk 15,16*
- *3-4 Stücke aus Sprüche 12,3*

Zum Abrunden nach alter Väter Sitte:

- *aus 4 Mose 11,5 (die letzten 3)*

Dann noch etwa 20 Minuten kochen lassen. Zum Abschluss:

- *das 2. und evtl. auch das 1. Gewürz nach Mt 23,23*
- *2-3 EL aus Ps 51,9*

Zeitgleich wird die Einlage vorbereitet:

- *60 g aus Ps 65,14 in Gestalt von Jes 11,1*

Wenn Ihre Räumlichkeiten das hergeben, wäre es natürlich schön, diese Suppe auch gemeinsam zu kochen und zu essen. Vielleicht laden Sie eine andere Gruppe, die sich auch im Haus trifft, dazu ein?

Als Mitgebsel ist das ausgedruckte Rezept für die Bibelsuppe einmal mehr eine Möglichkeit, auf die Aktivitäten der Gruppe hinzuweisen.

Dauer: wenn Sie nur die Zutaten und Anweisungen aus der Bibel suchen 15 Minuten, mit Kochen länger

Material: eine Bibel pro Teilnehmer, Papier, Stifte, wenn Sie auch kochen wollen, die Zutaten und das Equipment dazu, das ausgedruckte Rezept (CD-ROM) zum Mitgeben

SUCHAUFGABE

GITTER MIT LEBENSMITTELN

Drucken Sie das Gitter für Ihre Teilnehmenden aus und lassen Sie zehn Lebensmittel (Milchreis, Ingwer, Brot, Wurst, Hirse, Eier, Torte, Erbsen, Senf, Butter) senkrecht, waagerecht oder diagonal finden. Einige sind auch rückwärts zu lesen.

M	B	V	S	E	N	F	E	T	E
C	I	V	B	A	S	D	F	G	R
X	N	L	Q	R	E	T	T	U	B
F	G	U	C	P	U	O	T	L	S
E	W	I	O	H	I	R	S	E	E
T	E	J	L	Ü	R	T	Z	Ä	N
B	R	O	T	Q	I	E	I	P	E
F	F	G	Ö	F	Z	J	I	A	R
I	H	J	P	Z	B	I	A	S	T
W	U	R	S	T	A	R	E	I	E

Wenn Ihre Gruppe mehr Hilfe benötigt, geben Sie die zu findenden Begriffe vorher bekannt. Dann sucht es sich leichter.

Dauer: 10 Minuten

Material: das ausgedruckte Gitter (CD-ROM) einmal für jeden Teilnehmenden, Stifte und für Sie als Leitung die Lösung.

Gedächtnisallerlei

Entweder als eigene Einheit oder immer mal wieder zwischendurch hat es sich bewährt, Aufgaben zum Gedächtnistraining anzubieten. Hier finden Sie eine ganze Fülle solcher Aufgaben. Diese Übungen eignen sich auch gut, wenn am Ende der eigentlichen Thematik dieses Treffens noch einige Minuten zu überbrücken sind.

EIGENE ANNÄHERUNG AN DAS THEMA

Wie gut ist Ihr Gedächtnis? Wie viele Menschen in Ihrer Gruppen leiden unter beginnender Demenz? Wie ehrgeizig sind die Menschen, die zu Ihnen kommen? Kennen Sie einen professionellen Gedächtnistrainer, der Sie unterstützen könnte?

KREUZWORTRÄTSEL

Da viele ältere Menschen gerne Kreuzworträtsel raten, habe ich hier eine Abwandlung für Sie, die man gut in Gruppen einsetzen kann. Zu Beginn wird der Anfangsbuchstabe verraten, mit dem alle Antworten beginnen. So kann man ruhig auch etwas schwierigere Fragen stellen, weil ja der erste Buchstabe schon bekannt und somit eine Hilfe ist.

süditalienische Hafenstadt .... *Bari*
Name Papstes vor Franziskus .... *Benedikt*

Teil der Wirbelsäule .... *Bandscheibe*
Hauptstadt Thailands .... *Bangkok*
anderes Wort für Taufkirche .... *Baptisterium*
behelfsmäßiges Bauwerk .... *Baracke*
Beiname des Kaisers Rotbart .... *Barbarossa*
Titel einer Oper von Rossini .... *Barbier von Sevilla*
verschnörkelte Epoche in der Kunst .... *Barock*
Mönchsorden .... *Benediktiner*
altes Wort für Cousine .... *Base*
Färbetechnik für Stoffe .... *Batik*
Ehemalige niederländische Königin .... *Beatrix*
berühmter Fußballspieler .... *Beckenbauer*
Komponist, Vorname Ludwig .... *Beethoven*
Bekenntnis von Sünden in der Kirche .... *Beichte*
Hauptstadt des Libanon .... *Beirut*
ein ganz besonderer Saft .... *Blut*
Geburtsort Jesu .... *Bethlehem*
eine der Ehefrauen Davids .... *Bathseba*
Fenster im Schiff .... *Bullauge*

Dieses Spiel kann natürlich mit allen anderen (gängigen) Buchstaben durchgeführt werden. Es geht auch gut, an kleine Gruppen von Senioren einen Buchstaben auszugeben, zu dem sie dann für die jeweils anderen Gruppen so ein Rätsel selbst erstellen sollen.
Hier noch einmal ein Vorschlag mit dem Anfangsbuchstaben F (alle Antworten beginnen mit dem Buchstaben F):

Vater, Mutter, Kind sind eine .... *Familie*
Tierische Erzählung mit erzieherischer Absicht .... *Fabel*
anderes Wort für Zweirad .... *Fahrrad*

Spuren von Tieren in Sand oder Schnee .... *Fährten*
Vorliebe oder Schwäche für etwas .... *Faible*
Greifvögel, mit denen man jagen kann .... *Falken*
Schlamm mit heilender Wirkung .... *Fango*
ehemalige Frau des persischen Schahs .... *Farah Diba*
anderes Wort für Karneval – nicht Fasching ...... *Fastnacht*
Verzicht auf Essen .... *Fasten*
Figur im gleichnamigen Stück von Goethe .... *Faust*
höchster Gipfel des Schwarzwalds .... *Feldberg*
Unteroffizier Dienstgrad .... *Feldwebel*
lateinisches Wort für Eisen .... *Ferrum*
berühmter Film mit Heinz Rühmann ... *Feuerzangenbowle*
Bezahlung für Gefundenes .... *Finderlohn*
andres Wort für dunkel .... *finster*
Dirigent sehr großer Chöre .... *Fischer*
Gegenteil von faul .... *fleißig*
Leinpflanze und deren Fasern .... *Flachs*
spanischer Tanz .... *Flamenco*
rosa Vogel, der meist auf einem Bein steht .... *Flamingo*
macht man mit langen Mädchenhaaren .... *flechten*
in Kirchtürmen wohnende Tiere .... *Fledermäuse*
Erfinder des Penicillins .... *Flemming*
macht der Hund mit seinen Zähnen .... *fletschen*
damit kleidet man das Bad oder die Küche aus ...... *Fliesen*
Vorname der Krankenschwester Nightingale .... *Florence*
primitives Wasserfahrzeug .... *Floß*

Dauer: pro Buchstabe 7 Minuten

Material: Zettel, Stifte, diese beiden Beispiellisten ohne Lösung (CD-ROM)

DAL-DAL-RÄTSEL

Das sind kurze Texte, bei denen die letzten beiden Worte jeweils durch das Wort »Dal-Dal« ersetzt wurden. Gesucht sind dabei immer zwei identische Worte mit unterschiedlicher Bedeutung.

Ein Beispiel:
Wir wollen im Bus nicht stehen,
sondern auf den Dal-Dal Dal-Dal.
Sitzen sitzen

- *Der Hausmeister schimpfte mit den Kindern: »Ihr sollt doch nicht über den grünen Dal-Dal Dal-Dal !«*
  Rasen rasen
- *Ein Friedhofsgärtner arbeitet in mehreren Städten. An heißen Tagen muss er Gräber in Wiesbaden, Frankfurt und Dal-Dal Dal-Dal.*
  Gießen gießen
- *Ein Angler freute sich, als dunkle Wolken am Himmel aufzogen, denn bald – so dachte er – werden sich die Würmer im Dal-Dal Dal-Dal.*
  Regen regen
- *Krawatten-Zwang gibt's nur in feinen Lokalen, aber nicht in Flugzeugen. Das weiß ich, weil ich immer nur mit Dal-Dal Dal-Dal.*
  Fliege fliege
- *Der Mieter hatte wiederholt seine Miete nicht bezahlt.*

Deshalb forderte ihn der Hausbesitzer auf, dass er seine Dal-Dal Dal-Dal.
Räume räume

- *Ein Rennfahrer wollte mich mit dem Ferrari mitnehmen, aber ich wollte mich nicht in seinen Dal-Dal Dal-Dal.*
Wagen wagen
- *Weil die Hochzeit seiner Tochter bevorstand, kündigte der Getränke-Fabrikant an, dass er ein ganz besonderes Bier für die Dal-Dal Dal-Dal.*
Braut braut
- *Als ein Schuss fiel, flogen alle Vögel im Stadtpark aufgeschreckt davon. Nur ein Vogel blieb sitzen. Das war wohl eine Dal-Dal Dal-Dal.*
taube Taube
- *Ein Mann ging zur Jahresversammlung der Bergbau-Gesellschaft, doch als er ankam, war der Saal leer. Nur einer war da und erklärte ihm, dass man dieses Mal unter Dal-Dal Dal-Dal.*
Tage tage
- *Peter flog mit einem Linienflug ins Ruhrgebiet, doch der Bordservice war miserabel. Es gab keine Mahlzeit, daher konnte er erst in Dal-Dal Dal-Dal.*
Essen essen
- *Nach einem Hochwasser hatte ein Händler einen enormen Schaden. Alles stand unter Wasser, sogar die Lagerräume, wo seine Dal-Dal Dal-Dal.*
Waren waren

Vielleicht finden die Teilnehmenden in Ihren Gruppen weitere Möglichkeiten? Ein wenig erinnert das Spiel ja an das Teekesselchen, das früher gerne gespielt wurde. Oder Sie laden im Anschluss dazu ein, dieses alte Spiel wieder einmal zu probieren.

Diese Internetseite hat mir beim Zusammenstellen sehr geholfen und bietet noch weitere Möglichkeiten: http://www.onlinewahn.de/dal-dal.htm

Dauer: 10 Minuten

Material: Liste (CD-ROM) ohne Lösungen

SPIEL

TEEKESSELCHEN

Suchen Sie Begriffe, die zwei ganz unterschiedliche Bedeutungen haben und doch gleich lauten. Mit diesen Begriffen geht das gut:

Begriff	Doppelbedeutung
Schimmel	weißes Pferd / auf verdorbenen Lebensmitteln
Lampe	Schwanz des Hasen / Beleuchtungskörper
Bande	Spielfeldbegrenzung / Gruppe von Einbrechern
Ente	Tier / falsche Zeitungsmeldung
Flecken	sehr kleiner Ort / Verunreinigung auf Kleidung
Niete	Loch im Gürtel / Fehllos
Hering	Befestigung für Zelte / Fisch

Hose	Beinkleid / Windhose
Rock	Kleidungsstück / Musikrichtung
Sichel	Mondform / Schneidegerät
Wanze	Abhörgerät / Insekt
Steuer	Abgabe / Lenkung
Umzug	Parade / Wohnungswechsel

Nun bilden immer zwei Spieler ein Paar und suchen sich einen Begriff aus, den die anderen erraten sollen. Dazu wird abwechselnd beschrieben, wie das jeweilige Teekesselchen ist. Beim Beispiel »Schimmel« könnten die Beschreibungen so lauten:

1. Spieler: »Mein Teekesselchen ist weiß!«

2. Spieler: »Mein Teekesselchen ist ekelig!«

1. Spieler: »Mein Teekesselchen ist schnell!«

2. Spieler: »Mein Teekesselchen macht krank!«

Durch weitere Beschreibungen wird es immer leichter, den Begriff zu erraten. Sie können davon ausgehen, dass die älteren Menschen dieses Spiel kennen und ihnen selbst Beispiele einfallen.

Diese Internetseite war mir beim Suchen behilflich und enthält noch viele weitere Möglichkeiten: http://www.deutschunddeutlich.de/contentLD/GD/GDiv19lDoppelbed.pdf

Dauer: pro Begriff 2 bis 3 Minuten

Material: Liste (CD-ROM) ohne Lösungen

SAMMELAUFGABE

EIN VORNAME – MINDESTENS DREI NACHNAMEN

Suchen Sie nach solchen Vornamen, die mehrere berühmte Menschen tragen. Geben Sie den Vornamen in der Runde bekannt und lassen Sie zusammentragen, welche berühmten Menschen so heißen oder hießen. Für einige Namen habe ich Ihnen das hier schon einmal zusammengestellt.

Rita	Pavone	Süssmuth	Hayworth
Peter	Frankenfeld	Kraus	Alexander
Mario	Simmel	Adorf	Barth
Robert	Stolz	Koch	Redford
Hans	Sachs	Söhnker	Albers
Helmut	Kohl	Schmidt	Karasek
Konrad	Lorenz	Adenauer	Duden
Heinz	Rühmann	Erhardt	Schenk
Henry	Nannen	Ford	Kissinger
Katharina	Thalbach	die Große	von Medici

Dauer: 10 Minuten

Material: Schreiben Sie einfach die Vornamen Liste (CD-ROM) ohne Lösungen, zu denen die Nachnamen gesucht werden sollen, auf eine Tafel oder ein Flipchart, Kreide, dicker Stift

SPIEL

MEMORY-VARIATIONEN

Sicherlich kennen fast alle Ihrer Teilnehmenden das beliebte Memoryspiel, bei dem aus einem versteckten Pool an

Karten durch Aufdecken jeweils zweier Karten die entsprechenden Paare gefunden werden müssen. Wenn Sie vier gleiche Kalender haben, können Sie daraus leicht einige Variationen des Memory-Spiels für Ihre Teilnehmenden herstellen. Schneiden Sie die Bilder aus und legen Sie in der ersten Variation die Bilder mit der Bildseite nach unten auf den Tisch. Dann kann der Spieler zunächst zwei Karten umdrehen und so die entsprechenden Paare suchen. Wenn Sie sehr unterschiedliche Motive wählen, ist das noch recht einfach. Nehmen Sie aber beispielsweise nur Sonnenuntergänge, wird der Schwierigkeitsgrad gesteigert.
In einer weiteren Variation können Sie ganz viele verschiedene Motive mit der Bildseite nach oben auslegen. Nun sollen nicht nur diejenigen Karten gefunden werden, die zweimal da sind, sondern die Frage kann lauten: »Welches Motiv ist drei Mal zu finden?«

Bei einem Tisch voller Karten ist es schwer, so eine weitere Variation dazu, zu erkennen, welches Motiv nur einmal zu finden ist.
In einer weiteren Idee kann man zu den Bildmotiven Fragen entwickeln, die die Gruppe miteinander ins Gespräch bringt. Dieses Mal können die Teilnehmenden die Fragen ausdenken, die in der Gruppe einander gestellt werden.
In einer letzten Variation beschreibt ein Teilnehmer ein Motiv, dass er oder sie sich ausgeguckt hat. Die übrigen um den Tisch versammelten sollen möglichst schnell genau dieses Motiv finden und vom Tisch aufnehmen.

Dauer: 10 Minuten pro Variante

Material: Bilder in mehrfacher Ausfertigung

ZUORDNUNGSSPIEL

DREI STÄDTE - VIER FLÜSSE

Sie brauchen für dieses Spiel einen handelsüblichen Würfel, der für die Senioren gerne etwas größer sein darf. Die folgenden Oberbegriffe schreiben Sie auf Kärtchen oder nennen sie in der Gruppe laut. Dann wird gewürfelt. Hat jemand eine 3 gewürfelt, muss er zu dem genannten Oberbegriff drei Möglichkeiten benennen, bei einer 4 muss er vier Möglichkeiten benennen usw.

Hier nun einige Oberbegriffe:

- *Möbel*
- *Autos*
- *Blumen*

- *Bäume*
- *Speisen*
- *Länder*
- *Flüsse*
- *weibliche Vornamen*
- *männliche Vornamen*
- *Städte*
- *Berufe*
- *Erfindungen*
- *berühmte Leute*
- *Mitarbeiter des Altersheimes / Seniorenkreises*
- *Sehenswürdigkeiten*
- *Bücher*
- *Namen aus der Bibel*
- *Haushaltsgegenstände*
- *Krankheiten*
- *elektrische Geräte*

Weitere Oberbegriffe werden Sie leicht selbst finden, oder die Gruppe sucht selbst weitere Möglichkeiten.

Dauer: 20 Minuten

Material: ein handelsüblicher Würfel, gerne etwas größer, Kärtchen mit den Oberbegriffen (CD-ROM)

DIE 60ER-JAHRE

Dieses Jahrzehnt haben die Menschen der älteren Generation sehr gut im Gedächtnis. Es waren die Jahre des Wirtschaftswunders. Drucken Sie die kleine Liste mit der Nummerierung (siehe CD-ROM) für alle aus und stellen Sie dann die Fragen, zu denen es ja jeweils vier Antwortmöglichkeiten gibt. Die Teilnehmenden sollen den Buchstaben ankreuzen, der die richtige Lösung enthält. Die richtige Antwort ist jeweils hervorgehoben.

1. Ein Pferd beendet seine große Karriere. Wie heißt das Pferd von Hans Günther Winkler, mit dem er 120 Siege errungen hat.
   a) Hella, ***b) Halla****, c) Hallo, d) Heidi*

2. Ein Film mit Audrey Hepburn kommt heraus. Er heißt:
   a) Frühstück bei Tiffany*, b) Abendbrot bei Tiffany, c) zum Tee bei Tiffany, d) Mittagessen bei Tiffany*

3. Deutsches Staatsoberhaupt war
   a) Kaiser Wilhelm, ***b) Heinrich Lübke****, c) Curt Jürgens, d) Konrad Adenauer*

4. Eine berühmte Schauspielerin nimmt sich das Leben.
   a) Grete Weiser, b) Marilyn Monroe, c) Agatha Christi, ***d) Romy Schneider***

5. Ein Schlager von Cliff Richard heißt: Rote Lippen soll man:
   a) schminken, b) schürzen, ***c) küssen****, d) einfetten*

6. Vier junge Männer bilden eine Musikgruppe, die zu wahrer Massenhysterie führt. Es sind die:

a) vier Musketiere, ***b) Beatles****, c) 4 Kings, d) vier von der Tankstelle*

7. Kennedy sagt bei seiner Rede in Berlin am Schöneberger Rathaus: Ich bin ein:
   a) Amerikaner, b) Viktoria, ***c) Berliner****, d) Plunder*

8. Das Eiskunstlaufpaar der 60er-Jahre heißt:
   a) Milius und Keuler, ***b) Kilius und Bäumler****, c) Bilius und Heuler, d) Marius und Zeuler*

9. Der Friedensnobelpreis 1964 geht an:
   a) Martin Luther King*, b) Martin Butter Sing, c) Martin Luther Bing, d) Martin Luther Fing*

10. In Aachen gelingt es erstmals, ein wirksames Medikament für Zucker-Kranke synthetisch herzustellen. Es heißt:
    a) Aspirin, b) Thomapyrin, c) Amalgam, ***d) Insulin***

11. Peggy March besingt Erinnerungen an eine deutsche Stadt. Memories of
    a) Hamburg, b) Hannover, ***c) Heidelberg****, d) Hameln*

12. 1965 gibt es einen neuen Film, der zu einem Riesenerfolg im Kino wird:
    a) Dr. Frank, b) Dr. Eisenbarth, c) Dr. Semmelweis, ***d) Dr. Schiwago***

13. Ein blonder Sänger mit Sonnenbrille wird ein Star vor allem in der Volksmusik.
    a) Heino*, b) Harro, c) Helfried, d) Hartwig*

14. 1969 heißt der amerikanische Präsident:
    a) Kennedy, b) Carter, c) Bush, ***d) Nixon***

15. Howard Carpendale besingt das schöne Mädchen von
a) Seite 27, b) Seite 45, c) Seite 3, ***d) Seite 1***

16. 1969 ist der erste Mensch auf dem
a) Mars, ***b) Mond****, c) Jupiter, d) auf der Sonne*

17. Dieses Berliner Gebäude entsteht 1961:
a) Rathaus, b) Schloss, ***c) Mauer****, d) Bundestag*

18. Eine neue Kindersendung erscheint 1929:
a) Mohnweg, b) Kürbisgasse, ***c) Sesamstraße****, d) Nusspfad*

19. 1962 startet ein erfolgreicher Agentenfilm, den es heute noch gibt. Der Agent heißt
a) 005, b) 002, ***c) 007****, d) 008*

20. Ein Kilo Kaffee kostet in den 60er-Jahren:
a) 5,- DM, b) 10,- DM, ***c) 17,- DM****, d) 22,- DM*

21. Bei einem Grubenunglück werden auf dramatische Weise Menschen gerettet. Es geschieht in:
a) Lingen, b) Langen, c) Uplengen, ***d) Lengede***

22. Der durchschnittliche Stundenlohn beträgt in den 60er-Jahren:
a) 2,- DM, ***b) 4,- DM,*** *c) 6,- DM, d) 10,- DM*

23. Das Lied »Ein Schiff wird kommen« startet in der Schlagerparade durch. Die Sängerin ist
a) Lale Nebensen, ***b) Lale Andersen,*** *c) Lale Untersen, d) Lale Übersen*

24. Sim Malmquist singt einen Ohrwurm, bei dem sich etwas nicht lohnt, my darling:
a) Hausarbeit, b) Lügen, c) Sparen, ***d) Liebeskummer***

25. Lolita singt: Seemann, deine Heimat ist
a) die Kneipe, b) das Schiff, ***c) das Meer,*** *d) die Stube*

26. Ein Stück von Bertold Brecht wird verfilmt. Es ist
a) die 4 Mark Operette, b) das 2 Pfennig Musical, c) der 5 Taler-Film, ***d) die Dreigroschenoper***

27. Paul Kuhn beklagt, dass es irgendwo kein Bier gibt. Das ist auf
a) Wangerooge, b) Helgoland, c) den Malediven, ***d) Hawaii***

28. 1964 beginnen vielerorts die 3. Programme. Sie senden zunächst
a) Hausfunk, ***b) Schulfunk,*** *c) Straßenfunk, d) Bühnenfunk*

30. Ein Auto hat Anfang der 60er-Jahre in Deutschland jeder
a) 3., b) 10., ***c) 20.,*** *d) 45.*

31. Gitte bestellt sich per Lied einen Mann, der einen bestimmten Beruf haben sol:
a) Cowboy, *b) Milchmann, c) Schneider, d) Pastor*

32. Eine ganze Reihe von Romanen von Anne Golon beginnt eine Art Siegeszug. Die Titelheldin heißt
__a) Angélique__, b) Agnes, c) Helena, d) Lolita

33. Die USA und die Sowjetunion geraten wegen der Aufstellung von Raketenstützpunkten auf einer Insel in eine Krise. Die Insel ist
a) Hawaii, b) Helgoland, __c) Kuba__, d) Madagaskar

34. 1968 marschieren Truppen des Warschauer Paktes in die Tschechoslowakei ein und beenden ein Aufbegehren – den Prager
__a) Frühling__, b) Sommer, c) Herbst, d) Winter

35. Die wöchentliche Arbeitszeit beträgt in der 60er-Jahren
a) 35 Stunden, __b) 42 Stunden__, c) 48 Stunden, d) 50 Stunden

36. Besonders in Berlin gibt es immer wieder große Unruhen. Sie kommen aus den Kreisen der
a) Beamten, __b) Studenten__, c) Arbeiter, d) Gewerkschaftler

37. Der Boxer Cassius Clay nennt sich 1964
a) Mahatma Gandhi, __b) Muhammed Ali__, c) Achmed Schachbrett, d) Ali Bengali

38. 1967 gelingt zum ersten Mal das Verpflanzen des Herzens in Südafrika. Der Arzt heißt
__a) Barnard__, b) Semmelweis, c) Schiwago, d) Kneipp

39. Die Regierung Willy Brandt verhandelt mit der DDR über Reiseerleichterungen zwischen Verwandten. Sie werden festgehalten in den
a) Nord-, __b) Ost-__, c) West-, d) Südverträgen

40. 1962 gibt es einen Film mit Liz Taylor über eine ägyptische Schönheit:
a) Hatschepsut, b) Bastet, ***c) Cleopatra,*** *d) Clementine*

Dauer: 30 Minuten, planen Sie aber Zeit für Gespräche und Erinnerungen an die 60er-Jahre ein

Material: Ankreuzbogen (CD-ROM), Stifte zum Eintragen der richtigen Lösungen (CD-ROM)

RATESPIEL UND SINGEN

SCHLAGER DER 60ER-JAHRE

Wenn Sie mit dem Quiz oben ohnehin schon in den 60er-Jahren sind, bieten sich diese Schlager an, die es zu erraten und sicherlich auch zu singen gilt.

- *Rita Pavone singt »Arrividerci ...«*
  ... Hans
- *Vico Torriani weiß, wie der Himmel für Verliebte ist:*
  Azzuro
- *Welche Telefonnummer hat Graham Bonney?*
  333
- *Wo tritt die Zuckerpuppe auf?*
  In der Bauchtanzgruppe
- *Wie heißt die Zuckerpuppe in der Bauchtanzgruppe?*
  Suleika
- *Wer tanzte einen Tango?*
  Jacky Brown und Baby Miller

- *Welchem Elternteil widmet Heintje ein Lied?*
  Mama
- *Adamo, weiß: Ein kleines Glück ...*
  ... wird einmal groß
- *France Gall sucht ein bisschen Goethe...*
  ... ein bisschen Bonaparte
- *Wer war laut Manuela nur schuld?*
  Der Bossanova
- *Was bricht laut Drafi Deutscher?*
  Marmor, Stein und Eisen
- *Woher kommen laut Nana Mouskouri die weißen Rosen?*
  Athen
- *Wen kennt man laut Conny Froboess am Bahnhof?*
  Zwei kleine Italiener
- *Was will Gitte für einen Mann?*
  'nen Cowboy
- *Welche Rechenaufgabe kann Hildegard Knef lösen?*
  Eins und eins das macht zwei.
- *Was geht laut Udo Jürgens immer wieder auf?*
  Die Sonne

Dauer: 10 Minuten, planen Sie aber Zeit für das Singen ein, das automatisch erfolgen wird. Und machen Sie sich keine Sorgen, wenn Sie selbst die Lieder nicht so gut kennen. Die älteren Menschen werden das übernehmen.

Material: Fragebogen (CD-ROM) ohne Lösungen

SPIEL MIT FÜNF WÜRFELN

Die Mitspieler würfeln mit allen fünf Würfeln gleichzeitig und zählen die erreichte Augenzahl zusammen. Hinter der Summe, die sich damit ergibt, verbirgt sich die Frage, die zu dieser Zahl gehört. Hat also jemand bei seinem Wurf 20 Punkte, wird ihm Frage 20 gestellt. Los geht es mit mindestens fünf Punkten. Wichtig ist vorher zu sagen, dass man auch Fragen ablehnen darf, die man jetzt nicht beantworten möchte. Es erfolgen dann keinerlei Nachfragen nach dem Grund dieser Ablehnung. Ein Spieler pro Tisch hat die Liste mit den Fragen vorliegen und stellt sie, wenn die Nummer genannt worden ist.

5. *Hatten Sie Tiere, wenn ja, welche?*
6. *Was ist Ihr Lieblingsgericht?*
7. *Wohin sind Sie gerne in Urlaub gefahren?*
8. *Welchen Traum möchten Sie sich gerne erfüllen?*
9. *Was tragen Sie am liebsten für Kleidung?*
10. *Welches sind Ihre Lieblingsfarben?*
11. *Welche Musik hören Sie gerne?*
12. *Waren Sie in einem Verein, wenn ja, in welchem?*
13. *Welche Sportart finden Sie interessant?*
14. *Erzählen Sie etwas über Ihre Steckenpferde!*
15. *Welches ist Ihr Lieblingsort hier in dieser Stadt?*
16. *Welche Bücher haben Sie gerne gelesen?*

17. *Erzählen Sie etwas über Ihre Verwandtschaft. Wer gehört dazu?*
18. *Haben Sie Kinder? Mögen Sie etwas über sie erzählen?*
19. *Welches Essen mochten Sie als Kind sehr gerne?*
20. *Was schauen Sie sich gerne im Fernsehen an?*
21. *Erzählen Sie von einem schönen Fest!*
22. *Welchen Beruf haben Sie erlernt?*
23. *Womit haben Sie als Kind gerne gespielt?*
24. *Wenn Sie in einen Zug steigen könnten, wohin sollte der fahren?*
25. *Womit verbringen Sie jetzt gerne Ihre Zeit?*
26. *Mögen Sie etwas über Ihre Eltern erzählen?*
27. *Mögen Sie etwas über Ihre erste Liebe erzählen?*
28. *Welche Schauspieler sehen Sie gerne?*
29. *Welche Sänger oder Musikgruppen mögen Sie?*
30. *Welche technische Erfindung beeindruckt Sie sehr?*

Falls einige Fragen schon häufiger dran waren, können Sie sie bei Wiederholungen durch diese ersetzen. Das ist auch gut, wenn Sie der Meinung sind, dass bei diesem Gesprächspartner diese Frage nicht passt, weil er oder sie zum Beispiel keine Kinder hat (Frage 18).

- *Wann haben Sie das erste Fahrrad bekommen?*
- *Welche Zeitschriften lesen Sie gerne?*
- *Welches ist ein besonders schöner Spaziergang für Sie?*

- *Was hören Sie gerne im Radio?*
- *Welches Auto hatten Sie als junger Mensch?*
- *Kennen Sie ein Lied passend zur jetzigen Jahreszeit? Mögen Sie es anstimmen?*
- *Sagen Sie ein Gedicht passend zur jetzigen Jahreszeit auf!*
- *Wo haben Sie schwimmen gelernt?*
- *Mit wie vielen Geschwistern sind Sie aufgewachsen?*
- *Hatten Sie als Kind ein eigenes Zimmer?*

Denken Sie sich gerne weitere Fragen aus. Das Spiel ist auch erweiterbar auf sechs Würfel oder zu reduzieren auf zwei oder gar auf nur einen Würfel.
Sie werden spüren, man kommt sehr gut miteinander ins Gespräch und erfährt vieles über die Biografie der Menschen.

Dauer: 30 Minuten

Material: sechs Würfel, pro Tisch, eine ausgedruckte Liste mit den Fragen zu den Nummern (CD-ROM)

ERINNERUNGEN

MERKSÄTZE UND ESELSBRÜCKEN

Viele der älteren Menschen kennen Eselsbrücken, mit denen man sich Dinge merken kann, die sonst leicht in Vergessenheit geraten oder deren Reihenfolge man sich nur schlecht merken kann. Fragen Sie zunächst nach eigenen Erinnerungen an solche Eselsbrücken und geben Sie dann die hier aufgeführten Beispiele zum Besten.

- *Welche Monate 31 oder 30 Tage haben, kann man leicht feststellen, indem man die beiden Hände nebeneinander legt und an den Knöcheln abzählt, ob es 31 oder 30 (bzw. beim Februar 28) sind.*
- *»In rechter Ordnung lerne Jesu Passion« – mit diesem Satz kann man sich die Namen der Sonntage vor Ostern gut merken. Invokavit, Reminiscere, Okuli, Lätare, Judika, Palmarum*
- *»Alle ehemaligen Kanzler bringen sonntags keine Semmeln mit« – das sind, wenn man jeweils die Anfangsbuchstaben der Worte nutzt, die Bundeskanzler seit Gründung der Bundesrepublik. – Adenauer, Erhardt, Kiesinger, Brandt, Schmidt, Kohl, Schröder, Merkel*
- *»Heinrich Lübke hat seiner charmanten Wilhelmine hinterm Rednerpult keine Widerworte gegeben« – das sind, wieder mit den Anfangsbuchstaben, die Bundespräsidenten seit der Gründung der Republik – Heuss, Lübke, Heinemann, Scheel, Carstens, von Weizsäcker, Herzog, Rau, Köhler, Wulff, Gauck*
- *»Ein Anfänger der Gitarre habe Eifer« – oder – »Eine alte Dame ging Haifisch essen« – so merkt man sich die Anordnung der Saiten bei der Gitarre – E A D G H E*
- *»Welcher Seemann liegt bei Nelly im Bett?« Das ergibt, wieder unter Nutzung der Anfangsbuchstaben, die Reihenfolge der Ostfriesischen Inseln, nämlich Wangerooge, Spiekeroog, Langeoog, Baltrum, Norderney, Juist, Borkum*
- *Konvex und konkav – ist der Bauch konvex, hatte das Mädchen Sex – wer sich nicht merken kann, ob konvex*

nach innen oder nach außen gewölbt ist, wird das mit diesem Spruch wohl nicht wieder vergessen.

- *»Zeigt der Schutzmann Brust und Rücken, musst du auf die Bremse drücken. Siehst du seine Hosennaht, hast du freie Fahrt.«*
- *»Iller, Lech, Isar, Inn fließen rechts zur Donau hin. Wörnitz, Altmühl, Naab und Regen kommen ihr von links entgegen.« So merkt man sich die Nebenflüsse der Donau.*
- *»Im Frühjahr stellt man die Gartenmöbel vor die Tür. Im Herbst stellt man sie zurück in den Schuppen.« Das ist der Merksatz, um die Umstellung der Uhren im Frühjahr und im Herbst richtig zu erinnern.*

Dauer: 10 Minuten, planen Sie aber Zeit für eigene Erinnerungen und zum Erzählen ein

Material: Beispielliste auf CD-ROM, ein Flipchart zum Notieren der Nennungen, ein dicker Stift

ERGÄNZUNGSAUFGABE

REDENSARTEN

Die Redensarten sind in der Generation der älteren Menschen sehr präsent. In diesem Spiel ist jeweils ein Teil der Redensart zu ergänzen.

- *Von was trenne ich die Spreu?*
  Vom Weizen
- *Wie lange muss man das Eisen schmieden?*
  Solange es heiß ist
- *Was werfe ich vor die Säue?*
  Perlen
- *Wovon lebt der Mensch nicht allein?*
  Vom Brot
- *Vor was platze ich?*
  Vor Neid
- *Was binde ich jemandem auf?*
  Einen Bären
- *Was ist mit ihm nicht gut essen?*
  Kirschen
- *Wenn zwei sich streiten, freut sich wer?*
  Der Dritte
- *An welchem Tuch nagen manche?*
  Am Hungertuch
- *Wodurch ziehe ich jemanden?*
  Durch den Kakao

- *Was werfe ich jemandem zwischen die Beine?*
  Einen Knüppel
- *Was findet der Mäkler in der Suppe?*
  Ein Haar
- *Was schwatze ich der Kuh ab?*
  Das Kalb
- *Was mache ich zum Tage?*
  Die Nacht
- *Frech wie wer?*
  Oskar
- *Wie verdienen manche ihr Geld?*
  Im Schlaf
- *Wovon ist das der Rest?*
  Vom Schützenfest

Auch hier ist es gut denkbar, dass die Teilnehmenden selbst weitere Rätsel finden, die sie dann den anderen in der Gruppe stellen.

Dauer: 5 Minuten

Material: Fragebogen ohne Lösungen (CD-ROM)

Schlusswort

Nun haben Sie die letzte Seite der »Neuen Schatztruhe für die Seniorenarbeit« aufgeschlagen. Ich bin gespannt, ob Sie darin wirklich Schätze für Ihre Arbeit mit den älteren Menschen gefunden haben. Manche der Themen sind eher traditionell, manche aber auch neu und herausfordernd. Beide haben Platz in der Seniorenarbeit.
Wenn ich Sie durch ein Jahr begleiten konnte, freut mich das. Es freut mich aber ebenso sehr, wenn Sie durch meine Anregungen eigene Ideen gefunden und umgesetzt haben. Geben Sie dem Gespräch immer viel Raum, trägt doch die Generation der jetzt alten Menschen so viel an Erfahrungen und Erlebnissen in sich, dass das der eigentliche Schatz ist. Sie dürfen sich glücklich schätzen, wenn Sie durch Ihre Arbeit an diesen Schätzen teilhaben dürfen. Diese Teilhabe ist dann für Sie ein wertvoller Finderlohn im Zusammensein mit den Menschen.
Ich freue mich zu hören, wie es Ihnen mit den Vorschlägen ergangen ist, die ich in diesem Buch entfaltet habe. Gelungenes und Verbesserungsvorschläge sind mir gleichermaßen willkommen. Schreiben Sie mir gerne eine Mail an ritakusch@web.de.
Wenn es bei Ihnen einen größeren Kreis von Mitarbeitenden gibt, der Interesse an meinen Vorschlägen hat, können Sie sich ebenfalls gerne melden. Vielleicht kann ich Sie einmal besuchen kommen oder Ihnen für einen Fortbildungstag Materialien zusenden, die ich für das Buch erstellt und erprobt habe.

Abbildungsnachweis

S. 18, 30, 51, 76, 95, 117, 127, 146, 169, 180 und 199:
© Magnus Schwarze
S. 21: © Photographica – Fotolia.com
S. 24: © Bmotion – Fotolia.com
S. 33: © sdp-creations – Fotolia.com
S. 48: © Dreadlock – Fotolia.com
S. 54: © raresb – Fotolia.com
S. 57: © A_Lein – Fotolia.com
S. 62: © Haver – Fotolia.com
S. 64: © assierromero – Fotolia.com
S. 66: © striZh – Fotolia.com
S. 68: © L. Bouvier – Fotolia.com
S. 71: © ryzhkov_sergey – Fotolia.com
S. 75: © Alekss – Fotolia.com
S. 78: © Delphotostock – Fotolia.com
S. 82: © creativenature.nl – Fotolia.com
S. 85: © Eric Isselée – Fotolia.com
S. 87: © markysha – Fotolia.com
S. 89: © (von links nach rechts): DenisNata – Fotolia.com / Anatolii – Fotolia.com / DenisNata – Fotolia.com
S. 93: © javier brosch – Fotolia.com
S. 96: © Azaliya (Elya Vatel) – Fotolia.com
S. 101: © RRF – Fotolia.com
S. 104: © by-studio – Fotolia.com
S. 106: © psdesign1 – Fotolia.com
S. 112: © Africa Studio – Fotolia.com
S. 122: © UMA – Fotolia.com
S. 129: © daniilantiq2010 – Fotolia.com

S. 133: © milazvereva – Fotolia.com
S. 137: © furmananna – Fotolia.com
S. 150: © Nataliya Yakovleva – Fotolia.com
S. 154: © Dmitry Koksharov – Fotolia.com
S. 157: © Nikolai Tsvetkov – Fotolia.com
S. 158: © BillionPhotos.com – Fotolia.com
S. 171: © Dreadlock – Fotolia.com
S. 173: © robert6666 – Fotolia.com
S. 176: © Jelena Ivanovic – Fotolia.com
S. 178: © ExQuisine – Fotolia.com
S. 184/185: © alka5051 – Fotolia.com
S. 189: © womue – Fotolia.com
S. 194: © JiSign – Fotolia.com
S. 197: © NorGal – Fotolia.com
S. 201: © Waler – Fotolia.com
S. 202: © intereklam – Fotolia.com
S. 204: © Grischa Georgiew – Fotolia.com
S. 207: © Wikimedia Commons/3_vinyl_singles; Urheber: Itsramon
S. 213: © HitToon.com – Fotolia.com
S. 215: © jaaakworks – Fotolia.com